大学生心理健康教育实施途径研究

曾小娟 著

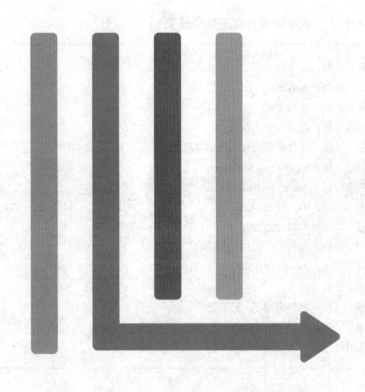

延边大学出版社

图书在版编目（CIP）数据

大学生心理健康教育实施途径研究 ／ 曾小娟著. --
延吉 ：延边大学出版社，2023.3
ISBN 978-7-230-04625-1

Ⅰ．①大⋯ Ⅱ．①曾⋯ Ⅲ．①大学生－心理健康－健
康教育－教学研究 Ⅳ．①G444

中国国家版本馆 CIP 数据核字(2023)第 051580 号

大学生心理健康教育实施途径研究

著　　者：曾小娟
责任编辑：胡巍洋
封面设计：文合文化
出版发行：延边大学出版社
社　　址：吉林省延吉市公园路 977 号　　　　邮　　编：133002
网　　址：http://www.ydcbs.com
E-mail：ydcbs@ydcbs.com
电　　话：0433-2732435　　　　　　　传　　真：0433-2732434
发行电话：0433-2733056
印　　刷：廊坊市广阳区九洲印刷厂
开　　本：787 mm×1092 mm　1/16
印　　张：11.5　　　　　　　　　　　字　　数：200 千字
版　　次：2023 年 3 月　第 1 版
印　　次：2023 年 4 月　第 1 次印刷
ISBN 978-7-230-04625-1

定　　价：78.00 元

前　言

　　健康是人们生活幸福和事业成功的前提，健康的人体首先要各器官各系统发育良好，功能正常、体质健壮、精力充沛；同时还要有良好的劳动效能，社会上和谐相处的表现和处理各种危险因素及应激的能力。具体包括体魄健全、精力充沛、处世乐观、应变力强、能吃能睡、体重适当、眼睛明亮、牙齿整洁、头发光亮、走路轻松等。人的精神状态、自我调节和社会适应能力是健康的基础。防微杜渐，预防为主是健康的保证。

　　从我国高校的普遍情况来看，大学生心理健康问题不容乐观，特别是近些年，心理问题导致的大学生休学、退学、犯罪、自杀等事件明显增多，党和国家一直高度重视大学生的心理健康教育问题，大学生的心理健康教育也引起家庭、学校和社会的普遍关注，因此，大学生心理健康教育课程也被各大高校列为公共基础课程。

　　为实现中华民族伟大复兴的中国梦，大学生必须全面提高自身素质，而心理素质是大学生最重要的素质之一，既是大学生全面发展的整体素质的中介和载体，也是大学生健康成长、成才的基础和保证。探索当代大学生心理教育模式，加强大学生的心理健康教育，是当前高等院校教育中一个极富现实意义的重要课题。

　　本书参考引用了国内外心理健康领域专家学者的理论观点和研究成果，在此深表感谢。限于作者的水平，本书可能还有不够成熟之处，恳请同行专家和读者批评指正。

目　录

第一章 心理健康概述

第一节 心理健康的内涵和特点

一、心理健康的内涵

心理健康是一个非常复杂的概念，在不同国家、不同民族中存在不同的观点，即使在一个国家的不同地区也存在不同的看法。心理健康的概念会受到社会制度、民族风俗、传统习惯、道德观念等因素的影响，从而产生不同的内涵。

事实上，心理上的"健康"与"不健康"之间，并没有鲜明的界限，无绝对的、明确的标志，因为它们之间存在从量变到质变的连续谱系。要想了解心理健康，首先要了解什么是"心理"，什么是"健康"。

（一）心理

什么是心理？人的心理是怎么产生的？这两个问题同哲学的根本问题有密切关系，所以对心理的理解历来存在唯心主义和唯物主义两种的观点。辩证唯物主义认为，心理是人脑对客观现实的主观反映，人脑是产生心理的器官，客观现实是心理的源泉，心理是在人的实践活动中发生、发展的。

1.心理是指生物对客观物质世界的主观反映

人的心理现象包括心理过程和个性心理两个方面。通常，人的心理活动都有一个发生、发展、消失的过程。人们在活动的时候，通过各种感官认识外部世界的事物，通过头脑的活动思考事物的因果关系，并伴随着喜、怒、哀、乐等情感体验。这折射着一系列心理现象的整个过程就是心理过程。按照其性质可分为三个方面，即认识过程、情感过程和意志过程，简称"知""情""意"。

心理过程是人类心理活动的一般过程，但是一般过程总是通过个性心理表现出来，不同个性的心理活动在体现人类心理活动的一般过程中总是表现出自身的特点并带有经常、稳定的性质。这种在个体身上经常、稳定地表现出来的心理特点，被称为个性心理特征。所谓"个性"，是指个体带有倾向性的、本质的、稳定的心理特征的总和，是一个人的总体精神面貌。

2.心理是人脑的机能

人的心理不是一般的物质运动，而是人的机体，首先是人脑这种以特殊方式组织起来的物质的机能和活动过程。人如果失去大脑，就不存在心理活动，无脑的或患有脑缺陷的婴儿不能发展或不能健全发展心理。人脑的不同区域有相对的分工，各有不同的作用，某一区域的损伤或病变会导致与之相应的心理活动的紊乱甚至丧失。

人的机体，特别是人脑如何产生心理的问题，还没有得到彻底的、科学的解答。以最简单的心理现象——感觉为例，这是事物的刺激作用转化为意识的事实。人们已经阐明人产生感觉时从外围感觉器官直到中枢神经系统中的种种生物物理和生物化学的变化，但仍不能解释从刺激作用到意识的转化。科学证明了心理现象和生理现象的联系，却还不能说明心理现象到底如何产生。

3.心理是客观现实的反映

心理是人脑的机能，并不意味着人脑本身能单独产生心理。人脑是反映外界的物质器官，是人的心理产生的自然前提，它提供了人的心理产生的可能性，而要把这种可能性变为现实，必须依靠外界的客观现实。

心理所反映的客观现实可以分为两个方面：一方面是自然事物，另一方面是社会事物。自然事物，如星球和宇宙空间，地球上的江、河、湖、海、山岳和原始森林等。社会事物，如同伴、家庭、学校，以及其他各种人的集体和其中人与人的关系，还包括其他各种属于文化的事物。这种区分是相对的。

自然事物与社会事物之间的关系是密切而复杂的。

一方面，为人类所认识的自然事物就已经不只具有单纯的客观自然事物的意义。许许多多的自然事物已受到人类或多或少的改造，打上了人类活动的印记。所以，许多客观的物质事物对人的作用，除了它的自然物质力量以外，还依存于甚至决定于它的社会意义。

另一方面，社会现象也是以物质运动的形式存在的，社会的各种关系必须通过物质的形式作用于人，制约人的心理。人对自然事物的反映，往往不是针对某一简单的、孤立的事物，而是针对某一事物与周围诸多事物所构成的整体，而且在特定的条件下有某一个或几个事物起着主导作用。人作为自然实体的同时又可以作为社会实体，反映的是一种整体性的社会情境。

（二）健康

《现代汉语词典》（第7版）对"健康"一词的解释是：（人体）发育良好，机理正常，有健全的心理和社会适应能力；（事物）情况正常，没有缺陷。健康是人生最大的财富，虽然健康并不代表一切，但失去了健康，就失去了很多可能性。

人只有处于健康的状态，才能有效率地工作、学习和社交。那么，什么是健康呢？其实，在不同的社会发展水平下，人们对健康的认识是不同的。在生产力发展水平低下的时期，人们主要依靠体力同自然作斗争，只要躯体没有疾病，有能力进行劳动，就是健康的。随着现代医学的发展，人们逐步认识到人的整体性，以及人与环境的密切关系，人们对健康的认识发生了实质性变化。

现代社会越来越重视人的生命质量和生活质量，认为一个人的生理、心理和社会适应都处于完备状态，才算是真正的健康。心理健康成为人体健康不可缺少的部分，进而被提到了前所未有的高度。而且，无数科学事实和实践经验都表明，人的生理健康与心理健康是相互影响、相互依存的。正常情况下，生理健康是心理健康的基础，心理健康又能促进生理健康。比如，躯体的疾病或损伤会导致心理活动的缺失或障碍，而不良的情绪和恶劣的心境又会影响躯体的健康。

21 世纪，人类的健康是生理健康、心理健康、社会适应良好与道德健康的完美整合。其中，生理健康是物质基础，心理健康与社会适应良好是重要表现，而道德健康则是整体健康的统帅。健康"新概念"的提出关系到健康的观念、健康的行为和生活方式、健康的社会适应能力、健康的躯体、健康的心理等，它早已超出了人们的传统认识。可见，随着社会的发展，健康的内涵丰富了，外延也拓展了。长期以来，许多人只注重生理健康，而忽略了心理健康，甚至以为心理不健康不是疾病，而是"精神不正常"等。实际上，人体是生理与心理的统一体，二者相互关联、不可分割。

关于心理健康的含义，国内外专家有过不少的研究和论述。有心理学家指出，心理健康是指一种持续的心理情况，当事者在那种情况下，能有良好的适应，具有生命活力，并且能充分发挥其身心的潜能。这是一种积极的、丰富的状况，不仅是免于心理疾病。精神病学家门宁格认为，心理健康是指人们对环境及相互间具有最高效率及快乐的适应情况，心理健康者应当保持稳定的情绪、敏锐的智力、适于社会环境的行为和愉快的气质。

我国学者认为，心理健康的人通常具有正常的精神状态和社会活动，能够在社交、生活方面与其他人保持较好的沟通与配合，能妥善处理生活中发生的意外情况。从广义上讲，心理健康是一种高效而满意的、持续的心理状态；从狭义上讲，心理健康是知、情、意、行的统一，是人格完善和社会适应良好。

综合以上观点，可以总结出心理健康是指个体心理功能良好、心理活动协调一致，在身体上、心理上以及社会行为上都能保持良好的状态。心理健康强调的是和谐与适应；心理健康是一种状态，而不是结果。美国著名的心理学家罗杰斯说："美好的人生是一个过程，而非一种存在状态；它是一个方向，而非一个目的地。"

二、心理健康的特点

（一）相对性

个体的心理是否健康，要考虑文化、年龄、性别、社会身份、情境等各种因素。某些行为出现在孩子身上是正常的，但出现在成人身上则是不正常的；某些行为在特定的社会背景和条件下是正常的，但在其他社会背景或一般情况下出现则是不正常的。例如，一个三四岁的孩子当众哭闹撒娇，人们不会感到奇怪，若一个二十岁的小伙子如此，人们则会认为他不正常。

（二）动态性

心理健康水平会随着个体的成长、环境的改变、经验的积累及自我的变化而发生变化。因为人的心理世界是复杂多样的，任何一个心理健康的人，也可能有突发的、暂时的心理异常，所以就像感冒一样，心理健康的人有时也会得"心理感冒"。一个人出现了心理困扰后，如果能及时调整情绪、改变认知、纠正不良行为，则很快会解除烦恼，恢复心理平衡。反之，如果个体不注意心理保健，心理健康水平就会下降，甚至产生心理疾病。

（三）连续性

心理健康与不健康之间并没有一条明确的界线，而是呈一种连续甚至交叉的状态。人群总体健康程度呈正态分布，中等健康水平者居多。真正完满的健康（康宁）状态是一种理想，只有少数人或在个别情况下才能达到。

第二节　心理健康的标准

如何判定一个人的心理是否健康呢？光有一个概念是不够的，心理健康需要有具体的标准作为衡量依据。给心理健康定标准并不是一件简单的事情，心理健康与身体健康不同，人类迄今还很难像检查身体健康那样检查心理健康。身体是否健康可以通过客观数据说明，而这些数据可以通过心电图、血液化验等一系列的科学检查得到。但许多心理现象和心理规律尚处于未知或所知不多的阶段，并且由于受到不同的认知体系、价值观念等的影响，至今尚无世界各国公认的、科学的心理健康标准体系。

不少西方心理学家根据各自的心理学理论，提出了不同的心理健康标准，下面列举对我国有较大影响的几种观点。

1.20 世纪 40 年代，国际心理卫生大会提出的心理健康的四大标准：

（1）身体、智力、情绪十分调和；

（2）适应环境，在人际交往中能谦让；

（3）有幸福感；

（4）在工作中能充分发挥自己的能力，过有效率的生活。

2.美国人格心理学家奥尔波特提出的心理健康的六条标准：

（1）力争自我的成长；

（2）能客观看待自己；

（3）人生观的统一；

（4）有与他人建立和睦关系的能力；

（5）人生所需的能力、知识和技能的获得；

（6）具有同情心，对生命充满爱。

3.美国心理学家马斯洛等人提出的心理健康的十条标准：

（1）充分的安全感；

（2）充分发掘自己并对自己的能力做适当的估价；

（3）生活的目标能切合实际；

（4）能与现实环境保持接触；

（5）能保持人格的完整与和谐；

（6）具有从经验中学习的能力；

（7）能够保持良好的人际关系；

（8）适宜的情绪表达及控制；

（9）在不违背团体要求的情况下，能保持有限度的个性发展；

（10）在不违背社会规范的前提下，能适当地满足个人的基本需求。

西方心理学家提出的标准与他们的心理学理论研究密切相关。例如，奥尔波特是人格心理学家，在人格研究方面很有建树；马斯洛是人本主义心理学的代表人物，他提出的心理健康标准具有浓厚的人本主义色彩。

下面是所有心理健康标准中最为各国心理学家所认同的七项标准。

一、正常的智力水平

智力是衡量一个人心理健康与否的主要标志之一。正常的智力水平是一个人生活、学习、工作的基本心理条件。智力不是某种单一的心理成分，而是观察力、记忆力、注意力、想象力、思维能力以及实践活动能力的综合（其中思维能力是核心），是大脑活动整体功能的体现。虽然目前还没有非常完善的测定智力的方法，但已有人发明了相对实用的智力量表。

智力低下的人很难适应正常的社会生活，很难完成正常的学习或工作任务。对外界刺激的反应过于迟钝，出现妄想、幻觉等，都是智力不正常的表现。

二、健全的人格

人格是一个人所具有的稳定的心理特征的总和，是一个人的整体精神面貌，具体是指一个人在适应社会生活的过程中所表现出来的对自己、对他人、对外界事物的个性特征。人格的各种要素不是孤立存在的，它们有机结合而形成一个整体。健全的人格是指构成人格的诸要素（如气质、能力、性格、理想、信念、人生观等）均平衡、健全发展。

三、较强的社会协调性

较强的社会协调性是指一个人能够根据客观环境的需要，不断调整自己的身心行为，达到与客观环境和睦相处的协调状态。较强的社会协调性主要表现在以下三个方面：

（一）较强的人际关系适应能力

能够正确对待、处理和协调好各种人际关系，是衡量和判断社会协调性的关键，是心理健康的重要标准之一。

（二）较强的自然环境适应能力

任何一个心理健康者，尤其是青年人，应该具备在各种自然环境中生存的能力。

（三）较强的适应不同情境的能力

情境是指个体行为所发生的现实环境与氛围，分狭义情境和广义情境两种。狭义情境是指个体心理活动和行为发生的场所、氛围，交涉对象的态度、情绪等，如考核、演讲、比武等场合；广义情境是指宏观的社会历史进程、国际形势等。心理健康者能够在各种情境中保持心理平衡。

四、稳定适中的情绪和情感

激烈的情绪波动，如欣喜若狂、悲痛欲绝、暴跳如雷、激动不已等，以及长时间的消极情绪，如悲伤、忧虑、恐慌、暴怒等，可能导致个体心理失衡。这类情绪不仅可能影响个体的认识和行为，而且可能造成个体的生理机能紊乱，导致各种躯体疾病的产生。因此，保持稳定适中的情绪和情感以及良好的心境，也是心理健康的重要标准之一。心理健康者能保持愉快、乐观、开朗的心境，对生活和未来充满希望。

当然，心理健康者也会有悲、忧、哀、愁等消极情绪，但总能主动调节，同时能控制情绪表达，做到喜不狂、忧不绝、胜不骄、败不馁。

五、健全的意志，协调的行为

个体确定自己的目标，支配自己的行动，努力实现这个目标的心理过程就是意志。受意志支配和控制的行为，即意志行为。

通过以下四种心理品质，可以衡量一个人意志品质的高低、强弱、健全与否：

（一）果断

善于迅速明辨是非，合理决断和执行的心理品质。

（二）自觉

对自己行动的目的和意义有着明确的认识，能够主动地支配和调节自己的行动，使之符合预定目的。自觉性强的人，既能独立自主地按照客观规律支配和调节自己的行为，又能不屈从于周围环境的压力，坚定地达成目标。懒惰、盲从和独断是与自觉相反的意志品质。

（三）自制、自控

善于促使自己执行已做出的决定，排斥与决定无关的行为，克制自己的负面情绪和冲动行为。

（四）坚韧

坚持自己的决定，百折不挠，能够克服困难，达成目标。

六、和谐的人际关系

和谐的人际关系既是心理健康的重要标准，也是维持心理健康的重要条件之一。和谐的人际关系有以下具体表现：

（1）在人际交往中，心理相容，互相接纳、尊重，而非心理相克，互相排斥或贬低；

（2）对他人情感真挚，而非冷漠无情；

（3）懂得奉献，以集体利益为重，而非损人利己。

七、心理特点符合心理年龄

每个人都有三种年龄：实际年龄、生理年龄和心理年龄。

实际年龄是指人的自然年龄。生理年龄是指人的生理发育成长所呈现出来的年龄特点，与实际年龄往往有差别。如果营养不良，那么其生理发育就迟缓，可能导致生理年龄小于实际年龄。心理年龄是指人的整体心理状况所呈现出的

年龄特征,与实际年龄也不一定完全一致。人的一生可以分为八个心理年龄期:
胎儿期、乳儿期、幼儿期、学龄期、青少年期、青年期、中年期、老年期。人
在不同的心理年龄期具有不同的心理特点。比如,人在幼儿期天真活泼,在青
少年期自我意识增强,心理活动往往动荡、剧烈,到了老年期,心理倾向成熟
稳定,但心理弹性降低,容易变得忧郁。

　　心理特点符合心理年龄主要有两个标准:一是个体的实际年龄应当与心理
年龄、生理年龄相符;二是个体在不同的心理发育期应表现出相应的心理特征。

第三节　影响心理健康的因素

　　影响心理健康,导致心理障碍或心理疾病的因素是复杂多样的。根据功能
的不同,各种影响心理健康的因素可以分为内部因素与外部因素两大类。根据
性质的不同,各种影响心理健康的因素又可以分为生物遗传因素、心理环境因
素和社会环境因素三大类。

　　内部因素是影响一个人心理健康状况的内在原因,外部因素是影响一个人
心理健康状况的外在诱因。内部因素是决定人的心理状况的本质原因,外部因
素通过内部因素发生作用,它使人的心理健康状况的变化具有现实性。比如,
同样紧张的学习生活和较大的学习压力,对心理素质较好的学生来说,可能会
激发其更高的学习热情;而对心理素质较差的学生来说,则有可能使其过度焦
虑,甚至产生心理障碍。

一、内部因素

内部因素是一个人自身所具有的内在和主观的因素，主要包括生物遗传因素和心理因素两大类。

（一）生物遗传因素

生物遗传因素又可以细化为遗传因素，化学中毒或脑外伤，病菌或病毒感染，以及躯体疾病或生理机能障碍等类型。

1.遗传因素

人的心理活动或心理健康状况是不能遗传的，但是人是一个身心交融的整体，身体特征受遗传因素的密切影响，特别是一个人的躯体、气质、智力等，受遗传因素的影响较为明显，而心理也是受遗传影响的。相关调查和临床观察表明，在精神病患者的家族中，有精神发育不全、性情乖僻、躁狂、抑郁等情况或具有异常心理行为的家庭成员占有相当大的比例。调查显示，精神疾病的发病率与血缘有着明显的关系：与精神病患者血缘关系越近，患病率越高。

2.化学中毒或脑外伤

有害化学物质侵入人体，可能毒害中枢神经系统，如食物中毒、煤气中毒、酒精中毒、药物中毒等，可能导致心理障碍或精神失常。

脑震荡、脑挫伤等脑外伤也可能导致意识障碍、健忘、言语障碍、人格改变等问题。

3.病菌或病毒感染

人如果患了斑疹伤寒、脑炎等疾病，就会由于病菌、病毒损害神经组织结构而出现器质性心理障碍或精神失常。如果患者是幼儿，则可能影响其心理发展，造成智力迟滞或痴呆。

4.躯体疾病或生理机能障碍

躯体疾病或生理机能障碍也是影响人的心理健康的因素之一。例如，如果患有内分泌机能障碍，尤其是甲状腺功能减退或亢进，患者往往会出现暴躁、易怒、敏感、冲动等心理异常表现。若肾上腺素分泌过多，患者可能患上躁狂症；而肾上腺素分泌不足，患者可能患上抑郁症。

（二）心理因素

一个人的心理状态一旦成型，就可预测其以后的心理发展和变化。心理因素包括认知因素、情绪因素和性格因素等。

1.认知因素

认知过程就是信息的获得、储存、转换、提取和使用的过程。个体的认知因素涵盖范围很广，包括感知、记忆、注意、思维、想象、言语等。认知因素之间是相互影响的。倘若某一认知因素发展不正常或某几种认知因素之间的关系失调，就会产生认知的矛盾和冲突，从而使人感到紧张、烦躁和焦虑。认知因素之间的失调程度越严重，则人们减轻或消除认知失调、维持认知平衡的期望就越强烈。如果这种期望长时间得不到满足，则可能使人产生心理障碍。认知的严重失调还可能导致人格分裂或变态。

2.情绪因素

人的情绪体验是维持身心健康的重要因素，是一个人生存和适应社会的内在动力，它是多维度、多成分和多层次的。波动而消极的情绪状态，往往使人心情压抑、精力涣散、身体衰弱；稳定而积极的情绪状态，则往往使人心情愉快、精力充沛、身体健康。所以，消除不良情绪，对人的身心健康是十分重要的。

3.性格因素

每个人或多或少地存在一些性格问题，如孤僻、懦弱、敏感、多疑、固执、暴躁等，这些性格问题会给人们带来三个方面的影响：一是导致生活适应不良，尤其是难以处理人际关系；二是影响学习效率、工作绩效和生活质量；三是容易诱发一些心理疾病。容易诱发心理疾病的性格被医学专家称为"易感性素质"。例如，具有胆怯、自卑、敏感、多疑、依赖性强、缺乏自信、主观任性、急躁好强、自制力差等性格特征的人，容易患神经衰弱；具有优柔寡断、谨小慎微、犹豫不决等性格特征的人，容易患强迫症。

二、外部因素

外部因素是影响人的心理健康的外在的、客观的因素，主要包括家庭因素、社会因素和学校因素三大类。

（一）家庭因素

人的心理健康状况，尤其是对儿童来说，受家庭因素的影响很大。大量研究表明，不良的家庭环境容易造成家庭成员的心理异常。

家庭因素主要包括：家庭关系不良，如父母关系、婆媳关系、兄弟姐妹关系不和谐，家庭情感冷淡，矛盾冲突迭起等；家庭成员残缺，如父母死亡、父母离异或分居、父母再婚等；家庭教育存在误区，如专制、粗暴、溺爱、娇惯等；家庭变迁以及出现意外事件等。

（二）社会因素

政治、经济、文化、教育及社会关系等属于影响人的心理健康的社会因素。其中各种不健康的思想、情感和行为会严重损害人的心理健康。社会因素对一个人的生存和发展几乎起着决定性作用，尤其在现代，人与人之间的交往日益广泛，社交媒体的作用越来越大，矛盾、冲突、竞争加剧，所有这些都会加重人们的心理负担，影响人们的身心健康。

（三）学校因素

学校因素主要是针对学生来说的，主要包括学校教育条件、学习条件、生活条件以及师生关系、同伴关系等。学生的大部分时间是在学校中度过的，学校是学生学习、生活的主要场所，所以学校生活对学生心理健康的影响极大。学校因素中的种种条件和关系，如果处理不当，就会影响学生的心理健康。例如，校风学风不良、教育方法不当、学习负担过重、同学关系不和等，都可能使学生焦虑、抑郁。

上面提到的这些因素既相互独立又相互制约，对一个人的心理健康起协同作用，而这种协同作用要超过单个因素作用的简单相加。所以，在诊断心理失调、心理障碍或心理疾病时，必须充分考虑各种因素的作用，逐一考察后，全面、正确地做出诊断，才能采取有效的措施进行心理调适和治疗。

第二章　我国高校心理健康教育的发展

第一节　我国高校心理健康教育的发展历程

我国高校心理健康教育工作始于 20 世纪 80 年代中期，按照其主要工作内容，可以分为障碍性心理咨询、发展性心理健康教育和"心理育人"三个阶段。三个发展阶段在教育目标上具有一致性，在教育内容上具有相互包含性和共同性，既一脉相承，又各具特色；既相互联系，又相互区别。

一、障碍性心理咨询

20 世纪 80 年代中期，上海、北京、浙江、陕西等地的一些高校陆续开展了带有探索性质的心理咨询工作。1989 年，原中华人民共和国国家教育委员会对在校大学生开展了心理健康状况调查，结果显示，12.6 万在校大学生中，有20.23%的人存在不同程度的心理障碍。为了确保大学生身心健康发展，面向大学生的心理咨询活动迅速发展起来。1984 年到 2000 年间，高校心理健康教育以障碍性心理咨询为主，大部分由心理咨询中心的工作人员采用个别心理咨询的方式，以学生产生心理问题的情境性因素为抓手，为存在心理问题的大学生提供心理援助、支持和矫正，一对一地解决来访者的心理问题。

（一）单一的工作内容

高校在障碍性心理咨询阶段主要开展了三项配套工作，主要是为了辅助心理咨询工作在高校顺利开展。

第一，在教育部的指导下，高校广泛开展大学生心理健康状况的普查工作。各高校配合相关领域专家，依托科研项目，主要运用 SCL-90 量表等测量方式，对大学生进行心理健康状况测试。1992 年，西南地区 8 所院校 4 万名大学生的抽样调查结果表明，有心理障碍的大学生达 31.13%，其中，较严重的占 12.42%，严重者占 0.81%；1995 年，上海高校的大学生心理测验结果显示，有 30% 以上的学生存在不同程度的心理疾病，其中，人际关系、学习、恋爱和对未来的担忧，是造成大学生心理问题的主要原因。

第二，建立高校心理咨询机构，定期接待有心理咨询需求的学生。这一时期，各高校心理咨询机构的名称不同，规模各异，大多隶属于学生教育管理部门。高校根据学校统筹安排及咨询人员数量开放心理咨询室。据统计，高校心理咨询中心接待的来访学生，其心理问题主要涉及学业、交友以及情感中的心理冲突与烦恼，或者各种神经症、早期精神病、严重的情绪危机及其他精神疾患。心理咨询人员通过系统的心理咨询和治疗方案，帮助学生克服心理障碍、缓解由心理障碍引发的各种不良情绪和问题行为，使其恢复心理平衡状态。

第三，少数高校开展了面向更多学生的心理健康教育讲座、选修课程等群体性的心理健康教育活动。一些高校在新生入学、毕业就业等特定时间节点，开展新生适应性教育活动、心理健康教育专题讲座以及就业心理测验工作，开展心理健康教育品牌活动。

（二）单薄的工作力量

从我国设立心理咨询中心的高校来看，其工作人员主要由三方面力量构成：一是心理学、教育学的专业教师，二是外聘心理医务工作者，三是由辅导员、德育工作者等组成的思想政治教育和学生管理工作者。在实际开展心理咨询工作时，许多高校仅以某一方面或两方面的力量为主，造成高校心理咨询工作人员不仅数量不足，服务能力也比较有限。另外，高校心理咨询机构中的工作人员多为兼职人员，除学生产生严重的心理障碍或精神疾病需要送医治疗外，其余工作由经过培训后的兼职人员代为开展。然而，作为一项高度专业化的工作，心理咨询需要心理健康教育工作者具备扎实的理论基础，掌握娴熟的专业技能。这些兼职工作人员边干边学，专业知识和能力不足，限制了高校心理咨询中心服务水平的提升。高校心理健康教育发展初期，队伍建设滞后的问题影响了高校心理健康教育工作的深入开展。为此，一些高校会聘请临床心理专家或心理咨询领域的学者作为心理咨询中心的外聘专家，同时，不断加强对校内工作人员的培训力度，帮助他们逐渐成长为专业的心理健康工作者。

（三）单独的工作机构

在障碍性心理咨询阶段，许多高校成立了专门的心理咨询机构，面向学生开展心理咨询活动。1984 年，湖州师范专科学校（现湖州师范学院）成立了我国第一个为学生服务的高校心理咨询机构。1985 年，上海交通大学和华东师范大学相继在校内建立了心理咨询机构，并在社会上产生了较大影响。据统计，截至 1986 年底，全国有 30 多所高校建立了心理咨询中心，这些高校的心理咨询中心通过建立学生心理档案，采用一对一的个别咨询方式，帮助学生解决心理问题。

在实践工作中，大部分院校的心理咨询机构只有一对一的个别咨询形式，对解决学生的一般性心理问题来说，不仅耗时，而且效率低下，也可能因此贻误了最佳干预时机，对学生造成更大的伤害。实际上，部分大学生产生的心理问题是由其所处的发展阶段决定的，具有高度的相似性，学校完全可以通过团体咨询与辅导的形式，省时又高效地解决学生的心理问题。但由于当时高校以单一的心理咨询机构为依托，缺乏相关部门的重视、支持与配合，再加之工作人员数量有限、能力不足，影响了高校内其他形式的心理咨询及心理健康教育活动的开展。

在障碍性心理咨询阶段发展后期，各地高校心理咨询机构在专业委员会的指导下，不断走向组织化和专业化，有效地加强了各高校心理咨询服务机构的交流，提高了咨询服务的质量。

障碍性心理咨询以解决学生心理障碍和问题为目标，实现了我国高校心理健康教育从无到有的发展，促进了学生身心健康的成长。但在这一阶段，高校心理健康教育主要以实践活动为主，缺乏理论研究，以单一的咨询机构为依托，也缺乏必要的人力、物力的支持和工作体系的保障。另外，其秉持"障碍性咨询理念"，将心理健康教育活动片面地理解为"减少严重的心理障碍、避免恶性事件的发生"，影响了高校心理健康教育工作的育人效果。

二、发展性心理健康教育

20 世纪 80 年代中期以后，虽然高校心理健康教育快速发展，但障碍性心理咨询重治疗、轻预防，重障碍、轻发展，远不能满足绝大多数高校学生的心理需求。基于此，我国高校心理健康教育开始调整思路。发展性心理健康教育遵循学生身心发展规律，依据学生的年龄、性格、成长环境等个性特点，通过心理咨询、心理健康教育课程及实践活动等多种形式，帮助个体妥善解决发展过程中的心理矛盾，使学生正确认识自己，帮助学生发掘心理潜力，提升学生心理素质，促进其个性发展和人格完善。

（一）综合性的工作内容

发展性心理健康教育是我国高校心理健康教育的生命力和特色所在，它关注心理素质在大学生全面发展中的作用，致力于引导学生掌握解决心理和情绪问题的一般方法，达到"助人自助"的效果。

1.确立了稳定的心理健康教育组织架构

高校心理健康教育的发展一直伴随着与德育、思想政治教育之间关系的讨论。实际上，这不仅是对学科归属与理念的讨论，也是对"究竟由什么部门来组织和领导高校心理健康教育工作"这一问题的深入思考。2001年，教育部在《关于加强普通高等学校大学生心理健康教育工作的意见》中明确指出"要把高等学校大学生心理健康教育工作纳入学校德育工作管理体系中"，"实行主管校领导负责，以学生思想政治教育工作教师为主体，专兼结合的工作体制"。以2005年教育部、原卫生部、共青团中央下发的《中共中央、国务院关于进一步加强和改进大学生思想政治教育的意见》为标志，此后，中央和教育部下发的文件都将高校心理健康教育纳入学校思想政治教育领域，高校心理健康教育在此思想的指导下，逐步完善了领导体系和组织架构。

2.增设了心理健康教育必修课程

起初，心理健康教育课程只是以选修课的形式出现在高校的教学计划中。2001年，教育部在《关于加强普通高等学校大学生心理健康教育工作的意见》中鼓励各高等学校应创造条件，开设大学生心理健康教育的选修课程或专题讲座、报告等。2005年，《中共中央、国务院关于进一步加强和改进大学生思想政治教育的意见》也提倡高校要结合实际，有针对性地开展选修课程，将宣传、普及心理健康知识，介绍增进心理健康教育的途径和方法，解析常见心理现象和传授心理调适方法等作为心理健康课程的主要内容。2011年，《教育部办公厅关于印发〈普通高等学校学生心理健康教育课程教学基本要求〉的通知》中明确提出，要在高校内开设大学生心理健康教育必修课程，并将大学生心理健康教育必修课程定位为"集知识传授、心理体验与行为训练为一体的公共课程"。

3.丰富了心理健康教育的方法和途径

许多高校在心理咨询工作中增加了团体辅导、心理行为训练、电话咨询和网络咨询等心理辅导和咨询形式，更好地满足了高校学生对心理咨询服务的需求，提高了工作效率；同时，加强了对新生、毕业生、家庭困难学生、失恋和违纪学生等人群的心理问题的预防和干预工作，有针对性地帮助学生解决心理问题。高校积极开展丰富多彩的心理健康教育活动，依托大学生心理健康宣传日、心理情景剧、心理知识竞赛以及线上、线下的心理健康讲座等，宣传、普及心理健康知识，鼓励大学生成立心理健康相关社团，开展朋辈心理健康教育和辅导，营造了良好的心理健康教育校园环境。随着互联网的发展，高校纷纷建立了心理健康教育网站，不仅使学生预约心理咨询更加便捷，也成为展示高校心理健康教育工作风貌的重要窗口。

（二）专业化的工作队伍

高校心理健康教育是一项集专业性、实践性和学术性于一体的工作，要求从业者必须具备深厚的理论功底和丰富的实践经验。教育部在《关于加强普通高等学校大学生心理健康教育工作的意见》中提出，要将高校心理健康教育工作者纳入学生思想政治工作队伍管理序列，通过专、兼、聘等多种方式，建设一支以少量精干专职教师为骨干，专兼结合、专业互补、相对稳定的高等学校大学生心理健康教育工作队伍。这为思想政治教育工作者开展心理健康教育工作提供了政策支持，但当时文件中的提法还比较模糊，弹性较大，对各高校心理健康教育工作者的数量、专业化程度等配备要求约束力不够。然而经过一个时期的发展，各高校已建立起专业化的工作队伍，主要体现在以下几个方面：

1.增加了心理健康教育专职工作人员数量

我国规定专职心理健康教育工作者与全日制在校学生的比例不得低于1∶3000～1∶4000，但能够达到此师生配比标准的高校仍为少数。面对高校心理健康教育专职工作者数量不足的现状，我国加强了对心理健康教育相关专业学科的支持和建设力度，加大了人才培养力度，并通过给予专职人员编制保障等多项措施，激励高校增加心理健康教育专职工作人员的数量。

2.强化了对心理健康教育兼职工作者的培训和督导

各高校在教育部的支持下，开展了许多针对兼职心理健康教育工作者能力提升的专题培训，各省（区、市）也相继设立了高校心理健康教育教师培训中心，并开展专题培训，以提升心理健康教育兼职工作者的专业理论水平和专业技能。

3.健全了心理健康教育工作者的激励考核与评价机制

为激励广大心理健康教育工作者积极投身到心理健康的工作中去，许多高校加强了心理健康教育工作队伍的晋升、考核及激励机制的建设。各高校多措并举，通过设立心理健康教育研究项目，鼓励广大工作者以研促学，不断提升自身的理论知识水平；开展教师间的心理健康教育课程比赛和心理咨询模拟大赛，以考核提升教师队伍的实践能力；开展校内的心理健康教育先进单位和先进个人的表彰评选活动，激励心理健康教育工作者不断提升自身能力。

（三）成体系的教育网络

在发展性心理健康教育阶段，高校形成了"三级心理健康教育网络"。其中，"一级网络"主要指学生处和心理咨询中心，这是高校开展心理健康教育工作的指挥棒；"二级网络"一般指负责心理健康工作的相关人员，在"三级网络"中起关键作用；"三级网络"指包括班级心理委员，楼层长、宿舍心理健康联络员等在内的大学生朋辈心理互助力量，他们在心理问题的早期预警方面发挥了重要作用。

发展性心理健康教育推动了高校心理健康教育由"重矫正"向"重预防"，由"重障碍"向"重发展"的转变，服务对象的范围也扩大至全体在校学生。发展性心理健康教育突破了障碍性心理咨询的模式，超越了医学领域，使心理健康教育为广大学生的心理素质提高和成长、成才提供更多的服务，更能满足大学生全面发展的需要。

三、心理育人

为进一步落实高校"立德树人"的根本任务，切实提升思想政治教育工作质量，2017 年 12 月，中共教育部党组印发了《高校思想政治工作质量提升工程实施纲要》，提出要构建十大育人体系，以提升思想政治教育工作质量。至此，"心理育人"不仅成为提升思想政治教育工作质量的重要内容，也给高校心理健康教育提出了新要求和新任务。"心理育人"是指从教育对象的身心成长规律和教育规律出发，依托教育教学、实践活动、咨询指导、预防干预"四位一体"工作格局，有目的、有计划地对教育对象进行积极的心理引导，以解答学生心理困惑，开发学生心理潜能，提升学生心理品质，促进学生人格健全，实现培育有理想、有本领、有担当的时代新人的教育目标。

（一）全面性的工作内容

为提升"心理育人"质量，2018 年 7 月，中共教育部党组印发了《高等学校学生心理健康教育指导纲要》，进一步明确了高校心理健康教育工作的指导思想、目标、任务、工作保障及组织实施等内容。相较之前的两个发展阶段，"心理育人"阶段更加凸显了培育时代新人的价值取向和对学生价值观的引领，致力于从心理层面推动学生的全面发展。

1.扩大了心理健康教育服务对象的范围

高校"心理育人"不仅注重开展针对学生的心理健康教育工作，也开始关注高校教职员工的心理健康状况。在高校中，教职员工既是教育者、服务者、工作者，同时也是心理健康教育的受益者，其心理健康状况会间接影响学生的心理健康。开展针对全体师生的心理健康教育活动更有利于高校形成"心理育人"的良好氛围。

2.进一步拓展了心理健康教育的内容

处于青年时期的大学生，其心理困扰与其在思想层面价值标准的迷失密切相关。高校"心理育人"关注学生的心理困惑，帮助学生解决心理问题，其教育内容也向学生的思想、道德和价值观领域拓展，通过对学生思想和价值观层面的引导，推动学生深层次的改变和发展，使学生在发展过程中遇到类似心理问题时，能够用正确的价值观调适心理上的矛盾和冲突，从根本上解决迷茫和困惑。

3.致力于营造良好的"心理育人"氛围

高校"心理育人"丰富了心理健康教育的形式。除了推进传统的心理健康课程教育外，许多高校还依托互联网，开发、建设了"大学生心理健康教育"在线课程，通过体验活动、行为训练、心理情景剧等多种形式，激发大学生学习心理健康知识的兴趣，引导学生在日常生活和学习中自主开展心理健康教育活动。

高校"心理育人"更加注重校内各机构"心理育人"要素的开发，并努力明确教学管理、资助服务、后勤保障等部门在"心理育人"工作中的职责，形成育人合力。

（二）全员性的工作队伍

高校"心理育人"提倡全员育人，建立起一个个体自助、朋辈互助、专业帮助和社会支持相配合的全员"心理育人"模式。

1.个体自助是构建全员"心理育人"的基础

任何情况下，个体对自身情绪状态和心理状况的察觉都是开展心理健康教育工作的基本条件。《高等学校学生心理健康教育指导纲要》明确了"主导性和主体性相结合的原则"，要求教师在教育过程中充分尊重学生的主体地位，充分调动学生的积极性和主动性。"心理育人"强调对学生自身心理健康观念的教育和引导，帮助他们及时察觉心理问题并主动寻求帮助。

2.朋辈互助是"心理育人"工作中重要的推动力

朋辈力量不仅能够弥补心理健康教育师资不足的缺陷，在开展"心理育人"工作时也具有一定优势。朋辈群体在宣传心理健康教育知识，营造宿舍和班级内良好的心理健康氛围的同时，还能发现同学、舍友的心理异常情况，从而及时提供帮助。

3.专业帮助是全员育人中的主导力量

在高校"心理育人"工作队伍中，心理健康专业人员发挥了主导作用，承担了预防学生心理问题演化为心理疾病，促使其个性发展和人格完善的主要责任。这也要求心理健康教育工作者把"问心"与"育人"工作统筹起来，在重建学生心理平衡的基础上，适时引导学生树立正确的世界观、人生观和价值观，养成科学的思维习惯。

4.社会支持在全员育人过程中发挥保障作用

社会支持系统指家庭、亲友、团体、组织和社区等。大学生的心理健康状况是学校、家庭以及社区等多重支持系统综合作用的结果，仅靠学校力量无法完全解决学生的心理问题，必须构建多主体、多因素的协同支持体系。高校不仅要充分调动校内全体教职员工参与心理健康教育的主动性和积极性，承担起保障学生心理健康的任务，也要引导家庭、社区、组织等社会支持体系关注学生心理健康状况，及时发现问题、解决问题。

全员"心理育人"模式为高校心理健康教育实现"育人"目标提供了人员保障。其中，自助与互助是这个系统中最直接的支持方式，有效增强了个体的心理弹性，但这必须在专业心理健康工作者的引导下开展；良好的社会支持则为开展互助、自助和专业帮助提供环境保障，切实增强了育人合力，提升了心理健康工作的实效性。

（三）全方位的工作体系

在"心理育人"阶段，要构建教育教学、实践活动、咨询服务、预防干预"四位一体"的心理健康教育工作格局，明确高校心理健康教育的主要途径，要求建立学校、院系、班级、宿舍"四级"预警防控体系，充分利用网络、广播、微信公众号和APP等营造良好的心理健康教育氛围。

"四位一体"心理健康教育工作布局在"三全育人"理念的指导下更加完善。教育部发布的《"三全育人"综合改革试点工作建设要求和管理办法（试行）》明确提出："从宏观、中观、微观各个层面一体化构建育人工作体系，实现各项工作的协同协作、同向同行、互联互通。"高校"心理育人"按照此项管理办法和要求，构建了宏观、中观、微观一体化的工作体系。其中，在宏观层面，教育部和各省（区、市）教育管理部门，负责组织专家研究、规划全国、各省（区、市）心理健康教育发展蓝图，出台具有针对性的政策文件，加强对高校的督查；在中观层面，各高校高度重视"心理育人"工作，将其纳入学校的整体发展规划中，统筹多方资源，投入足够的人力、物力与财力，完善心理健康教育网络；在微观层面，作为"心理育人"的基础单位，院系负责建立心理辅导站，同时加强对班级心理委员、宿舍长等学生干部的指导。

在"四位一体"工作格局下，"心理育人"更好地融入了学校教育的各个领域，包括高校教学、管理服务、社会实践等，同时也融入了学生的学习生活、求职就业和校园文化等多项活动中，不仅实现了高校心理健康教育由点到面地铺开，也使高校心理健康教育真正贯穿了学生发展的不同阶段，有针对性地对不同年级、阶段、专业的学生适时开展心理健康教育，以更精准的服务满足了学生的心理健康需求，为实现"心理育人"工作目标提供了保障。

从 20 世纪 80 年代中期至今，我国高校心理健康教育在每一发展阶段，都将学生的心理健康放在重要位置上，尊重大学生心理发展的规律，以心理咨询和教育为主要手段，助力大学生心理健康成长。其从"问心"到"育人"的转变过程，展现了高校心理健康教育适应社会转型要求和大学生全面发展需要。其不断深化对自身工作规律的认识，调整发展理念，探索构建具有中国特色的高校心理健康教育发展模式。

第二节　我国高校心理健康教育的
发展特点和动因

一、高校心理健康教育的发展特点

高校心理健康教育历经障碍性心理咨询、发展性心理健康教育和"心理育人"三个发展阶段，实现了从"消除学生心理问题"向"促进学生全面发展，培育时代新人"的转变。在这一转变过程中，高校心理健康教育在教育目标、教育内容、服务对象、工作队伍及工作格局等方面进行了相应的完善与优化，整体呈现出从"问心"到"育人"的发展特点。

（一）教育模式由西方化走向本土化

我国高校心理健康教育工作起步晚，发展基础比较薄弱。在发展初期，高校心理健康教育借鉴了西方的经验，甚至照搬西方早期心理学观念及心理咨询模式来解决中国大学生的问题。但由于文化背景、社会环境等多方面的差异，再加之所借鉴的理念相对滞后，这一时期的高校心理健康教育远不能满足大学生对心理健康教育的需要。因此，高校心理健康教育立足国情和高校实际，在与思想政治教育工作的深度融合中，不断探索具有中国特色的本土化心理健康教育模式。

依托思想政治教育开展心理健康教育，是具有中国特色的高校心理健康教育模式。这不仅适合中国大学生的心理发展状况，而且也为解决"心理育人"

工作所面临的难题提供了新的视野、理念和技术，具有较大的优势。高校心理健康教育模式经历了由学习借鉴到自主生成的过程，最终确立了本土化的发展模式，将心理健康教育上升至"育人"的高度。高校心理健康教育在帮助大学生提升心理素质的同时，也注重培育其积极、健康的人生态度，引导其正确认识人生价值，处理好个人与社会的关系。

（二）教育目标由具体走向系统

在发展性心理健康教育阶段，高校心理健康教育树立了更长远的工作目标，致力于帮助不同阶段的在校大学生妥善解决心理矛盾，更好地完成心理发展课题。发展性心理健康教育不限于次数有限的心理咨询，而是借助连续的课堂知识教学、心理健康教育讲座、团体辅导、心理咨询等多种形式，对学生心理健康状况施以更加积极、深远的影响，提高学生的心理素质。发展性心理健康教育贯穿高校学生从入学到毕业的整个求学过程。

"心理育人"在制定教育目标时系统地考虑了学生的整体发展，以育人为终极目标，明确了"心理"与学生的科学文化素质、道德修养、人格品质及理想信念等其他因素之间的联系，关注到"心理"在学生全面发展过程中的作用。高校"心理育人"从学生的心理需求出发，紧紧围绕培育时代新人的目标，对学生的知、情、意、行、人格与价值观进行引导，实现学生的全面发展。这一变化过程彰显了对学生心理发展规律的深刻认识。

（三）教育内容由心理健康拓展至价值观层面

高校心理健康教育内容也不断向纵深发展。在发展初期，受到教育理念、人力资源等多方面的限制，高校心理健康教育面对学生的心理问题时尚且应接不暇，更无暇探索如何从心理层面出发引导学生更好地成长、成才。目前，高校心理健康教育干预的领域开始向价值观等精神领域深入。

在发展性心理健康教育阶段，心理健康教育的工作形式更加多样，但工作内容仍局限于对学生"心理"层面的干预，包括通过课程教学、心理咨询服务和实践活动来普及宣传心理健康知识，解析心理异常现象，引导学生科学对待心理问题，介绍增进心理健康的途径，传授心理调适的方法，帮助学生消除心理困惑。在发展后期，学界曾就"高校心理健康教育过程是否应该伴随价值引导"这一问题展开深入讨论，本质上是在探究心理健康教育与思想政治教育之间的关系。有学者认为，心理健康教育是一种具有很强的价值导向性的活动，并非无价值导向或者价值中立。

高校"心理育人"明确了心理健康教育是具有明确价值导向的活动，在教育内容的设计上，更关注学生心理问题的成因。对正处于"三观"形成期的大学生来说，许多心理问题产生的根源是世界观、人生观和价值观的迷失。于是，高校"心理育人"增加了对学生价值观层面的干预和引导，凸显培育时代新人的价值取向，充分发挥"心理育人"在培育大学生成长、成才过程中塑造道德人格、激励积极行为的价值与作用。

（四）服务对象由个别学生覆盖到全体师生

在障碍性心理咨询阶段，高校心理健康教育主要针对心理异常或处于偏离状态的学生开展心理咨询服务，服务对象具有明显的个别性特征。

发展性心理健康教育的对象面向全体在校学生，除帮助已经产生心理问题的学生走出困境外，也引导一些轻度心理失衡的大学生，使其克服成长过程中的心理危机，走向自我实现。这一阶段，高校开设选修及必修课，保障每一位在校大学生都了解心理保健知识，扩大心理健康教育对象的服务范围，不仅帮助学生形成了正确的心理健康观念，而且为心理危机的干预和处理争取了宝贵的时间。

高校"心理育人"进一步扩大了服务对象的范围，让校内师生都能享受到心理健康教育服务。教职员工是工作者，也是"心理育人"工作的服务对象，其心理健康状况不仅会影响自身的工作与生活，还会直接影响大学生的心理健康。因此，"心理育人"将全体教职员工都纳入服务范围，能够帮助高校营造良好的"心理育人"氛围和人文环境。

（五）工作队伍由"专兼结合"走向"全员育人"

高校心理健康教育工作队伍由多方面的力量构成，不仅包括专职心理健康教育工作者，还包括经培训后的高校思政理论课教师、辅导员、班主任和分管学生工作的党委副书记等教职员工。

高校进一步扩充校内心理健康教育工作队伍。校内工作队伍主要包括由党委学生工作部领导的心理健康教育中心队伍，这支队伍由党委教师工作部、校团委、专业院系、校医院等的教职员工组成；还包括一部分院系心理健康教育机构的工作人员，他们通过培训和实习后，掌握了一定的心理咨询理论和方法，可以解决学生的一般心理问题与行为问题。另外，高校还注重培育学生心理健康教育朋辈辅导力量，选拔一批接受过心理健康知识培训的班级心理委员、宿舍长，让他们在专业教师的指导下开展心理健康教育活动。

（六）工作格局由"单兵作战"到"四位一体"

高校心理健康教育想向育人转变，就要以科学的工作格局为保障。在30多年的发展历程中，高校心理健康教育在工作格局上实现了由"单兵作战"到"四位一体"的转变。

在发展性心理健康教育阶段，高校建立了专门机构，负责统筹、协调大学生心理健康教育和心理咨询工作。高校"心理育人"着力构建教育教学、实践活动、咨询服务、预防干预"四位一体"的心理健康教育工作格局，在这个过程中更加注重协调发挥育人合力，强调同向发力，协同作战。从育人主体方面看，心理健康教育工作者不仅包括心理咨询专职教师，还包括校内其他教职员工，改变了高校心理健康教育工作者"孤军奋战"的状态；从工作的过程性来看，"心理育人"致力于建立一种全程跟踪服务，通过打通不同年级和不同阶段"心理育人"的内容，实现心理健康教育的阶段衔接；从育人的领域看，高校"心理育人"正在全方位融入学生发展的各个领域和阶段，在学生管理、教育、资助等多个领域开发和设计"心理育人"要素，真正实现全方位育人。

目前，高校"心理育人"以"立德树人"为方针，不断完善育人功能。事实上，无论是探索更适应中国学生发展的本土化心理健康教育理念，还是转变心理健康教育目标、拓展教育内容、推进工作队伍建设，或是大胆探索高校心理健康教育新路径、新方法，构建完善的心理健康教育工作体系，都体现出高校心理健康教育由"问心"向"育人"转变的发展特点。

二、高校心理健康教育的转变原因

从 20 世纪 80 年代中期至今，我国高校心理健康教育实现了从"问心"向"育人"的转变，发生转变的原因主要包括三方面：一是高校心理健康教育的环境发生变化，如社会急剧转型、高校育人环境及思想政治教育环境的变化，都对高校心理健康教育工作提出了更高的要求；二是高校在实践探索中对心理健康教育的育人规律有了更深入的认识，深入挖掘了"心理育人"的独特价值；三是大学生全面发展的客观需要，要求高校心理健康教育站在育人的高度服务学生发展。

（一）高校心理健康教育的环境变化

环境是由人来改变的，而教育者本身一定是受教育的。人与环境关系的双向互动为人正确认识"人与环境"在社会实践活动中的相互作用关系提供了理论指导。高校心理健康教育活动也是一项离不开人与环境的实践活动，它紧紧围绕着学生的心理需求开展，并始终受到来自宏观、中观和微观不同层面环境因素的制约和影响。

1.社会转型对大学生心理素质的严峻挑战

一方面，社会转型对大学生的心理素质提出了更高的要求，要求其在激烈的社会竞争、紧张的生活节奏和巨大的工作压力面前，提高心理调节和适应能力。另一方面，在经济社会全面深化转型时期，不同思想文化交流、交锋、交融，社会思潮多元、多样、多变，高校心理健康教育还应在缓解大学生心理问题的过程中，更进一步地帮助大学生认清价值取向、纠正价值偏差、端正价值观念，使大学生能够在激荡的社会思潮中做出正确的价值选择，避免受到享乐主义、利己主义等错误思想的侵蚀，产生更加严重的心理行为问题。具体来说，社会转型对大学生心理素质的挑战主要表现在以下几个方面：

（1）社会的急剧转型给大学生带来更多的心理紧张因素

社会转型时期，人们的生活方式变得多变，快节奏的学习和生活使大学生紧张、焦虑、压抑等不良心理现象频发。

（2）市场经济的快速发展诱发了严重的个人主义倾向

良好的人际关系是大学生社会化的条件，也能促进大学生身心健康成长。市场经济的效益原则和求实精神大大激发了人的主体意识的觉醒。不过，主体意识增强对学生来说是一把"双刃剑"，如果不加以正确引导，极易助长其个人主义倾向。另外，学生主体意识的增强也给高校心理健康教育工作带来了新挑战：大学生在能够以较为客观和宽容的态度看待自身的心理问题，并在坦诚地表达出心理需求的同时，也对心理健康教育形式提出更高的要求，需要心理健康教育工作者探索更贴近大学生渴求的、更具吸引力的教育模式。

（3）多元、多样、多变的社会思潮冲击大学生的心理认知

现代大学生被称为"移动互联网一代"，会遭遇互联网上一些错误思潮带来的思想迷茫和价值冲突。大学生在理想信念、价值追求、心理认知、思想认识等方面还不够稳定，再加上许多社会思潮善于"伪装"，契合了大学生的情感需求，非常容易使大学生陷入消极的漩涡中。在面对这些多样化的思潮时，大学生容易在心理上陷入迷茫和困惑，进而产生不良行为。因此，高校心理健康教育要融入对学生价值观的重建，帮助大学生形成正确认知。

2.高校育人环境对心理健康教育的高要求

高校培养的学生不仅要有良好的思想道德素质、文化素质、专业素质和身体素质，还必须具备良好的心理素质。为了契合高校育人的高要求，心理健康教育也应积极向育人进行转变。

相对发达国家而言，我国高校心理健康教育发展基础薄弱。在很长一段时间内，高校对心理健康教育的重视程度不够，忽视了对学生心理、性格和人格的培养。随着素质教育的持续推进，作为其综合素质的基础，学生心理素质才越来越受到高校的重视。相较于医疗系统中的心理卫生健康标准及心理学的个体健康标准，高校育人环境要求心理健康教育具备更高的治愈标准，不仅要实现学生心理的健康和发展，更要在此基础上通过对学生思想观念、道德观念和政治观念施加影响，促进其人格的健全发展，引导其处理好社会与个人之间的关系，促进个人同社会的和谐发展，最终成为对社会有益的人才。

高校心理健康教育是我国高等教育的有机组成部分，这一育人环境要求它不仅要"授之以鱼"，更要"授之以渔"，要由解决学生心理问题向积极育人转变。

3.思想政治教育环境变化的新要求

为适应高校思想政治教育工作的育人要求，高校心理健康教育着眼于思想政治教育工作的"势""时""事"之变，将"育德"与"育心"统一，积极主动地向"育人"转变，有效补齐了思想政治教育在育人工作中的短板。

（1）顺应高校思想政治教育环境变化之"势"

随着社会的发展，我国思想政治教育工作环境发生了较大变化，中共教育部党组在《高校思想政治工作质量提升工程实施纲要》中提出了"心理育人质量提升体系"，指出要"坚持育心与育德相结合，加强人文关怀和心理疏导，深入构建教育教学、实践活动、咨询服务、预防干预、平台保障'五位一体'的心理健康教育工作格局，着力培育师生理性平和、积极向上的健康心态，促进师生心理健康素质与思想道德素质、科学文化素质协调发展。"作为提升高校思想政治教育质量的具体、有效途径，"心理育人"能够立足大学生内心需求进行疏导和教育，引导学生主动思考自身思想等深层次的问题，有效解决传统思想政治教育中针对性和实效性不强的问题。

（2）更注重高校思想政治教育环境的变革之"时"

当代大学生成长于经济社会全面深化转型时期，他们一方面面对着前所未有的思想文化交流、交融、交锋，受到多元思潮的冲击，另一方面，深受互联网及多媒体的影响，许多人呈现出叛逆、逃避、封闭等心理特点。高校心理健康教育向育人转变，能够增强思想政治教育工作的灵活性、预见性和超前性。心理健康教育的性质决定它能够时时刻刻把握大学生的心理特征，成为思想政治教育工作的有益补充，它更能贴近学生、走进学生内心，并准确把握大学生的思想动态和行为趋势，防患于未然。

（3）关注思想政治教育过程中大学生的认同之"事"

认同本质上是一个心理过程，包括认知、情感、意志、信念和行为五个要素。目前，大学生对思想政治教育的认同问题是思想政治教育质量提升中的主要问题。高校心理健康教育的理念、手段和方法能引导学生形成自觉、能动的心理，调动和升华学生的情感，帮助其形成自主学习的意识，进而实现思想政治教育的育人功能。

（二）高校对心理健康教育育人规律有了更深入的认识

良好的心理素质是大学生成长成才的基础，但历经30多年的发展，高校才逐步深化对心理健康教育育人规律的认识，发掘出"心理"这一育人要素在帮助大学生形成正确的世界观、人生观、价值观，提高道德修养，树立并坚定理想信念中的独特价值。可以说，高校心理健康教育积极向育人转变，是其内在育人意识的一种觉醒。

1."心理育人"是开展"三观"教育的重要方式

"三观"教育是思想政治教育的重要内容，也是帮助澄清大学生内心的迷茫与困惑的重要途径和手段，对帮助学生解决由思想问题引起的心理问题具有重要价值。反过来，大学生的心理健康状况也制约和影响着其世界观、人生观、价值观的形成。

以育人为目标导向的高校心理健康教育更能适时地融入"三观"教育，引导大学生树立正确的世界观、人生观、价值观，使其内化为自身的思维方式、生活态度、价值取向，并外化为正确的行为方式和良好的习惯。

2.心理健康是道德自律的形成基础

一直以来，我国的学校教育都将"立德"作为育人的根本，"心理育人"也强调要坚持"育心"与"育德"相统一。现代研究表明，实现道德自律是提高道德修养和精神境界的先决条件，而实现道德自律的心理条件有三个：主体拥有良心、一定的道德认知能力和相应的意志品格。其中，形成良好道德品质的首要条件在于"良心"；形成良好的道德认知能力要求个体具备理性反思的特点；意志是个体将道德品质上升到行为的关键。道德自律的心理形成机制为高校从"问心"向"育人"转化提供了理论支撑。高校完全有条件在日常心理健康教育过程中有意识地培养大学生的道德自律意识。

（三）大学生全面发展需要理想信念

理想信念是个体把自我本质需要对象化，并在实践活动中主动构建的综合性产物。大学阶段正是青年形成理想信念的关键时期，许多大学生的心理问题追究起来，都与其理想信念的缺失或模糊有关。我国非常重视青年大学生的理想信念教育，青年一代只有树立正确的理想信念，才能用内心的安定和从容来面对外界嘈杂的声音，才更能够体会到奉献的幸福和奋斗的愉悦，在快速发展的社会中坚守自己内心的宁静。

1.形成理想信念的动力来源于人的需要

离开了人的需要，理想信念也会成为虚无缥缈的东西。而需要是否被满足以及被满足的程度，直接反映在人的心理活动和心理状态上，即心理与理想信念的确立在本质上密切相关。高校"心理育人"能从大学生的心理层面出发，激发潜藏于其内心的对真、善、美的向往和需要，实现理想信念与学生心理的共鸣和共振。

2.理想信念的确立与"知、情、意、行"存在关联

理想信念的确立是一个"知、情、意、行"全部心理要素都参与其中的复

杂过程，具体来讲，意识形态的认同是理想信念发生的心理基础，而认同的形成源于大学生对所确立的"信仰"在理论上与实践上的正确认知。高校"心理育人"能够在理想信念的教育过程中尊重受教育者的感性认知和理性认知协同规律，破除理想信念形成过程中个体的心理障碍。

3.理想信念的形成有赖于心理的深度卷入

理想信念是个体及群体的历史经验、现实需要和未来期许在发展方向和奋斗目标上的集中体现。个体要形成这种精神，必须充分发挥其全部机能，调动一切既有的知识积累、生活经验和认识能力，实现人的心理的深度卷入。一个心理迷茫、混乱、焦虑的个体难以实现这种心理的深度卷入。因此，大学生坚定理想信念要以健康的心理状态为基础，一个具备良好心理素质的大学生通常更容易确立正确的理想信念。

对高校心理健康教育本质规律的深化认识，使心理健康教育在形成世界观、人生观、价值观，培养良好道德品质及坚定理想信念方面的独特价值被挖掘出来，推动了高校心理健康教育向育人转变。

三、大学生全面发展的客观需要

人的全面发展是教育的根本目的。大学生正处于全面发展的重要时期，高校具体可从"德、智、体、美"几个方面开展心理健康教育：

（一）心理健康与"德"

大学生正处于道德品质形成和道德行为发生的关键时期，他们已初步形成了个体的道德观念，但仍会受到社会道德现象的影响，处于道德品质形成的不稳定时期。负面的道德现象不仅会动摇大学生内心的道德标准，还可能使其出现"道德焦虑"，产生焦虑、迷茫等不适的心理感受。

道德品质的心理形成机制是一个"道德认识—道德情感—道德意志—道德

信念—道德行为"的内化过程。虽然在这个过程中制约个体形成道德规范的影响因素有很多，包括社会道德状况、家庭教育和学校教育等，但其中起内在支配作用的还是个体的心理状况。对大学生来说，良好的心理健康状况有利于其在客观认识、分析和评价自我中形成正确的道德认识，在自我激励和自我反思中培养道德情感，在自我控制和自我命令中锻炼道德意志，在自我监督和自我修养中坚定道德信念，在自我检查和自我调节中完善道德行为。

（二）心理健康与"智"

我国的基础教育存在过分注重培养学生的智力因素，忽视培养学生的非智力因素的倾向。就学生的智力发展而言，心理健康等非智力因素是重要基础，不健康的心理会直接影响学生的情绪调节能力和适应能力，导致学生的智力活动效率低下。一方面，心理素质与情绪调控能力息息相关，良好的心理状况有利于大学生调节情绪，使其在最短的时间内摆脱坏情绪，保持心情的愉悦。另一方面，心理素质也会影响大学生的环境适应能力，良好的环境适应能力可以增强个体的心理弹性，提升学习新知识和新技能的效率。

（三）心理健康与"体"

人的生理健康和心理健康统一于一体，心理健康会对生理健康产生影响，大学生的生理健康是其从事一切学习和实践活动的基础条件。许多中医典籍中都有对"情志致病"的记载，如喜伤心、怒伤肝、悲伤肺、思伤脾、恐伤肾等，不良的心理因素会干扰中枢神经系统、内分泌系统和免疫系统，使人患病。

高校"心理育人"能够在解决学生心理障碍、提高学生心理素质的基础上，帮助在校学生形成积极向上的人生观，从提高学生心理素质着手，解答学生在生命意义、人生价值和思想道德方面的困惑，使其以一种乐观、豁达、开朗、明快的心态保持健康的体魄。

（四）心理健康与"美"

心理健康教育与美育是相互促进的关系。随着经济社会的快速发展，大学生的审美变得更具选择性、多变性和差异性，对"美"的认知日趋多样化。美育工作可以帮助大学生陶冶情操，追求更高的境界和品位，也可以有效疏解学生的负面情绪，使其保持活力和创造力。同时，为了保证大学生在接受美育教育时不扭曲"美"，出现"以丑为美"的现象，大学生需要具备良好的心理健康状况。

随着新媒体技术的蓬勃发展，社会进入"媒介化"阶段，"泛娱乐化"现象随处可见，对大学生审美也产生了潜移默化的影响，误导了大学生对"美"的认知和判断。许多大学生在不知不觉中成为娱乐的附庸，并在辨别究竟什么是"美"的过程中，产生了心理上的迷茫和困惑，而心理健康教育可以帮助大学生解除在审美过程中的心理困惑。

大学生保持心理健康，更有利于在审美中自觉追求更有趣味、更有意义和价值的人生内容，提升人生境界。对于个体而言，内在美是外在美的决定因素，外在美是内在美的体现。人格美便是一种内在美，以个体健康的心理品质为形成的基础，而心理健康教育对塑造大学生人格美具有重要意义。

因此，大学生要实现全面发展，必须以良好的心理健康状况为"基石"。我国高校心理健康教育在马克思主义人学理论的指导下，自觉站在育人的高度，不仅回应了学生在全面发展过程中的心理需求及价值实现等多重问题，还在尊重学生独特性的基础上，为促进学生的全面发展发挥了基础性作用。

第三节　关于完善高校心理健康教育的思考

2017年以来,我国高校心理健康教育在新育人理念的指导下,不断将全员、全过程、全方位育人落到实处,取得了诸多成效,对高校心理健康教育的工作环境、发展规律,以及大学生全面发展对心理健康教育的需要等的认识更加深入。然而,从更高要求上来看,目前的高校"心理育人"工作仍面临诸多困境,育人功能发挥得还不充分,需要多种力量互动融通,增强和优化育人效果。

一、高校"心理育人"工作成效初显

"心理育人"理念被提出以来,各高校按照中共教育部党组印发的《高等学校学生心理健康教育指导纲要》的要求,扎实推进"心理育人"工作,进一步挖掘心理健康教育工作的思想政治教育功能,对加强高校育人合力,补齐思想政治教育工作的短板发挥了重要作用,取得了显著的育人成效,具体表现在以下几个方面:

(一)育人为本的目标体系基本确立

"心理育人"理念被提出后,高校心理健康教育对教育目标进行重新定位,打造了以"育心"为直接目标,以"育德"为基本方向,以"育人"为最终目的的多元化、多层次的目标体系,为高校心理健康教育的发展指明了方向。

高校心理健康教育始终将以专业的心理学工作方法和技术手段帮助大学生解答心理困惑、处理心理危机事件、提升心理素质作为直接目标。"心理育人"理念的提出，推动高校在帮助学生重建心理平衡的基础上追求更高层次的心理健康教育目标。

"心理育人"确立了"育德"的基本方向。作为高等教育的核心内容，"立德树人"规定了"育人"的方向，要求在高校心理健康教育中融入对道德认知、道德情感和道德行为的引导，不仅通过心理健康教育帮助大学生实现人格的健全，更是将"育心"融入"育德"，以"育心"推动"育德"，助力大学生成长成才。

"心理育人"将育人作为主旨。党的十九大报告提出，要培养担当民族复兴大任的时代新人，这既是高校的历史使命，也是"心理育人"的终极目标。一段时间以来，高校心理健康教育遵循社会主义核心价值观，在解决学生心理问题的过程中引导学生思想发展，在培育学生健康心理的过程中使其树立坚定信念，达到"正心修身"的最终目标，以"心理"为用，行"育人"之本。

（二）"四位一体"的工作格局初步形成

2017 年以来，各高校按照教育部的要求，积极构建教育教学、实践活动、咨询指导和预防干预为主要内容的"四位一体"工作格局，为全方位发挥心理健康教育的育人功能提供了保障。

1.构建了多元化的心理健康教育课程体系

课程教学是开展高校心理健康教育的主渠道，是促进学生获取心理知识和心理体验，进行行为训练的有效途径。安徽某高校心理咨询中心主任曾介绍说："学校优化了心理健康教育的课程设置，面向全校学生开设了 1 门必修课、5 门公共选修课、1 门网络课，形成了核心课、选修课、网络课相衔接的'菜单式'课程架构，满足了不同学生的多样化需求。"一些高校心理健康教育课程的专职教师还提到，学校正着力规范教学内容、创新教学方法，以激发学生学习兴趣，增强教学效果。多元化的课程体系满足了学生对心理健康知识的多样化需求，促进了大学生心理健康教育课程建设由弱到强的转变。

2.增强了咨询服务的实效性

各高校优化心理咨询服务平台，不断创新心理咨询形式与方法，增强心理咨询的实效性。大连理工大学制定了大学生危机干预实施细则和工作手册，以专兼职心理教师为主导、院系二级发展中心和辅导员为抓手，开展"生命如虹"价值观教育和"春雨谈心"行动。另外，河北某高校的心理咨询工作人员提到，其执教的高校在心理健康教育和咨询中心的领导下，定期举办心理咨询师督导和案例研讨工作，除开展一般性的个体咨询与辅导外，还开发、建设了大学生领导力提升、人际关系改善、压力管理等10余个团体辅导项目。

3.强化了心理危机的预防与干预力度

许多高校加强了对大学生心理问题的分析与预防，建立了快速反应机制，建设全方位、立体化的心理安全防护网。如西北农林科技大学采用手机移动端测评与"一对一"回访评估相结合的方式，掌握不同年级（年龄）段学生的心理健康程度，实现学生心理健康普查全校覆盖；华南理工大学探索先进技术在心理健康教育领域的应用，建设学科交叉的人工智能实验室，构建基于人工智能的虚拟现实问诊系统，利用虚拟现实技术模拟问诊过程，筛查、分析学生的心理问题；中国农业大学构建由学校心理协会、学院心理部、班级心理委员及宿舍长组成的四级心理信息采集体系，做到分层筛查、分级预警，自编风险等级可量化、危机预警可操作化的评估量表，将危机预防与干预延伸至每一间学生宿舍。

二、高校"心理育人"工作面临的困境

作为高校思想政治教育中的育人要素，"心理育人"在优化高校育人工作效果和落实"立德树人"根本任务中发挥了重要作用。但在实践过程中，高校"心理育人"工作仍面临许多困境，影响了"心理育人"功能的充分发挥。主要体现在"心理育人"服务意识不强、"心理育人"能力不足和"心理育人"

合力不够三个方面。

（一）"心理育人"服务意识不强

高校只有树立正确的心理健康教育服务意识，才能真正将育人工作落到实处。许多高校在开设心理健康教育课程的基础上，积极开展了形式多样的心理健康教育活动，但学生的参与度并不高，教育效果也并不理想。究其根本，是高校"心理育人"的服务意识淡薄，在设计课程内容和活动形式时，没有做到从学生的心理需求出发。

高校心理健康教育的育人意识不强，体现为一些学生参与各类心理健康教育活动和主动寻求心理帮助的积极性不高，甚至存在一定程度的抵触情绪。一些学生认为自己心理健康，不需要参与此类活动，而一些确实需要心理帮助的学生也对活动形式存在抵触情绪，不肯参加此类活动。这与学生尚未树立正确的心理健康观念有关，但也反映出部分高校的心理健康教育工作者的服务意识薄弱，仅从自身角度出发设计活动的形式和内容，没有对学生的真实需求进行调研。

高校心理健康教育想要完善育人功能，应要求心理健康教育工作者充分把握社会转型背景下大学生心理健康的新特点和新诉求，树立"心理育人"服务意识，在学生的生活与咨询体验中实现"心理育人"的工作总目标。

（二）"心理育人"能力不足

高校"心理育人"工作的开展需要全体教职员工的共同参与，不仅要引导专职心理健康教育工作队伍提高育人能力，还要培养专业课教师以及校内其他教职员工的"心理育人"能力。

目前，高校心理健康教育工作者采用的工作手段和方法仍局限于心理学领域，日常的学习、培训与督导也多局限于心理学，在引导大学生正确认识群己、义利、得失等方面仍处于劣势，尚未具备引导学生树立正确价值观的能力。在实际工作中，面对大学生心理问题的表现和成因的多维性，很多心理健康教育工作者时常有这样的困扰：表现异常的大学生到底是有心理问题还是思想问题？一名心理健康教育工作者如何获得更加有力的专业支撑和业务培训，才有能力对大学生做出系统干预和全面指导？此类困扰反映了其育人能力的欠缺，部分心理健康教育工作者在面对学生心理问题时认识模糊、办法不多、支撑乏力，导致解决问题时"治标不治本"。

校内其他部门教职员工的"心理育人"能力亟待提高。高校全体教职员工应在协同解决学生现实问题的过程中优化学生的心理健康状态，目前，校园文化中的"心理育人"要素尚未得到充分发掘和有效开发，许多高校对专业教育、学生资助、教学管理、组织活动、后勤服务等部门中教职员工的"心理育人"培训不够，在制定规章制度时也没有做到充分尊重学生的心理特点，满足学生的成长需求。此外，专业课教师的"心理育人"能力也有待提升。这一局面导致高校无法形成全员育人的整体优势，影响了"心理育人"的效果。

（三）"心理育人"合力不够

高校要借助心理健康教育完善育人功能，需要校内各部门和校外社会力量通力合作。但由于思维方式和工作方法的定式，校内心理健康教育机构尚未与专业教育、学生资助、教学管理、组织活动、后勤服务等部门开展通力合作，导致这些部门的"心理育人"力量并未得到充分发挥，各部门协同开展"心理育人"的工作合力尚未形成。

目前，高校"心理育人"工作仍处于起步阶段，从校内来看，尚未就各部门、各岗位进行"心理育人"元素的开发与利用，也未就各部门具体的"心理育人"职责提出相应规范和要求，距离真正实现全员、全过程、全方位的高校"心理育人"格局的目标还有很大差距。从校外资源看，高校与相关社会心理服务机构开展的合作不够，没有充分借助多种力量开展高校心理健康教育，尚未打通与社会力量协同合作的通道，还需要通过引入家庭、社会和政府的力量重构、优化心理健康教育系统。

高校心理健康教育仍需采取有针对性的优化措施，突破在"心理育人"理念转变、育人能力提升和育人合力增强方面的工作瓶颈，充分发挥全员、全过程、全方位的育人优势，不断完善心理健康教育的育人功能。

三、高校"心理育人"工作的优化策略

针对目前高校"心理育人"工作在育人理念、队伍建设和育人合力构建中存在的问题，高校需要进一步增强"心理育人"服务意识、不断推进"心理育人"队伍建设，同时打造校内外协同育人工作格局，多层次推进高校"心理育人"工作的科学发展，切实从心理健康教育层面为学生成长成才服务，为培育时代新人助力。

（一）增强"心理育人"的服务意识

1.心理健康教育在内容选择上应该更具针对性

目前，"大学生心理健康"已经成为高校的必修课程，不过课程内容仍需要进一步优化。在内容选择上，教师不能仅停留于向学生介绍心理健康的基础保健知识，而应该发挥好课堂教学的优势，通过引导学生正确认识义和利、群和己、成和败、得和失，帮助其树立正确的价值观。另外，教师在教学过程中要充分关注学生的差异性，通过心理筛查，对教育内容进行层次划分，分层次、分类别地开展心理健康教育，增强高校心理健康教育的针对性和有效性。

2.注重"心理育人"各阶段工作的衔接，做到全过程育人

心理行为问题通常不是一时导致的，许多大学生的心理问题是由成长经历、家庭环境等因素所致，也有部分大学生在新生阶段因不适应大学生活而出现心理问题，进而出现其他心理问题，使其在整个大学阶段都深受困扰。就高校而言，一方面，要做好大学生入学适应期的心理健康教育工作，抓住机会发现和解决"适应性问题"；另一方面，要认真总结学生在不同成长时期产生的

心理问题，针对一些具有"群体性"的心理问题设计心理健康教育的内容和方法，结合学生不同发展阶段的心理特点开展工作，提升"心理育人"服务水平。

3.注重在生活与体验中实现心理健康教育

宿舍是大学生生活矛盾产生的主要地点，但也可以转化为开展"心理育人"工作的重要场所。心理健康教育工作者在宿舍这一生活场所更容易实现与学生的接触，增强"心理育人"工作的生活性和及时性，也有利于学生放下戒备，在比较轻松的氛围中倾诉内心的困惑。另外，高校可以开展心理情景剧等体验性较强的心理健康教育活动，让学生在自我表演、自我体验和观看中获得心理上的成长。不过，高校在开展此类活动时，要对活动严把关，可以邀请专家给予指导，让活动既有趣味性，又不失专业性。总之，高校在选择"心理育人"活动形式时，必须了解学生的真实诉求，选择学生喜闻乐见的形式来增强"心理育人"的实效性。

（二）推进"心理育人"的队伍建设

推进高校"心理育人"工作队伍建设，关键在于提升工作队伍的育人能力。高校在对"心理育人"工作者开展培训时，要重视引导其关注心理健康教育过程的价值性和道德性，注重提升其马克思主义理论修养，使其在工作中能够引导大学生坚定马克思主义立场和观点，使大学生在遇到心理困惑时能够明晰和洞察事物，从根本上保持健康的心理状态；在帮助大学生消解焦虑、抑郁等负面心理后，还要重建学生的心理平衡，引导其在人生成败面前保持平和的心态，正确处理人际关系，并在社会关系中不断提升自我。

对教学、管理、后勤等部门的教职员工，高校要提升宿舍管理员、校园安保人员等会与学生密切接触人员的"心理育人"意识，通过培训帮助他们掌握心理健康教育基础知识，在实际工作中切实尊重大学生的个性特点和心理需求，采取正确的工作方法，避免因工作人员欠缺心理健康常识或管理方式不当导致学生产生心理问题。

（三）增强"心理育人"合力

学校、家庭、社会以及朋辈群体等微环境都会对大学生心理发展产生影响。因此，高校需要深度挖掘不同教育主体的"心理育人"功能，同时加强不同教育主体在"心理育人"工作中的融合力度和系统兼顾性。

1.学校方面

高校心理健康教育机构要协助校内其他部门明确自身的"心理育人"责任，帮助大学生解决心理问题。校内各部门必须明确自身在"心理育人"工作中承担的责任，增强教职员工的"心理育人"意识，比如，学生资助部门可以通过为贫困学生提供勤工俭学途径等方式，帮助贫困学子在工作中建立良好的人际关系，提高其本领和技能，缓解因贫困带来的自卑心理；教务部门通过协调师生关系、合理安排课程，缓解学生由于学习困难和压力而产生的心理问题和障碍。

2.家庭方面

高校应尽快改变家庭这一教育主体在"心理育人"工作中的"缺位"状态。家长能够通过与孩子交流是否顺畅，孩子情绪是否低落等表现性因素，判断孩子的心理健康状况，在"心理育人"中有着天然优势。高校应该加强与学生家长的沟通和交流，改变部分家长"重德育轻心育"的思想，使家长重视学生的心理异常，积极配合学校或医疗机构进行干预，真正做到学校和家庭共同围绕学生全面发展这一育人目标通力合作。

3.社会力量方面

高校可以借助政府、社会组织和媒体的力量，以增强"心理育人"效果。政府可以培育理性平和、积极向上的社会心态，为高校"心理育人"提供优质的外部环境。目前，我国心理健康社会服务尚处于起步阶段，而从社会组织处获得"心理育人"力量是高校今后努力的方向。网络媒体的宣传报道也影响着大学生的心态，政府要加大对网络媒体的综合整治，引导其减少对负面心理情绪的夸大和曲解，为大学生心理成长提供理性、健康的网络空间。

（四）处理好"心理育人"与高校思想政治教育的关系

高校心理健康教育与思想政治教育融合发展的确存在一定弊端：一是两者的学科边界问题和价值性问题。高校要谨防心理健康教育工作出现思政化趋势，这一趋势不利于提升高校心理健康教育质量。二是客观存在的角色冲突问题。部分思想政治教育工作者加入心理健康教育工作队伍后，确实壮大了心理健康教育队伍，但其效果也有好有坏，有的思想政治教育工作者尚未受过系统的心理咨询训练便仓促上阵，对高校心理健康教育产生了一些负面影响。因此，高校需要处理好"心理育人"与思想政治教育之间的关系。

第一，"心理育人"应在与思想政治教育的融合过程中发展成熟，这是基于目前我国高校"心理育人"的发展现状做出的判断。高校必须思考清楚如何借助思想政治教育搭建的平台和队伍优势促进"心理育人"工作。我国的思想政治教育正在通过改革谋求自身的突破发展，寻找新的生长点，增强自身的科学性和实效性。高校"心理育人"可以抓住契机，利用思想政治教育已掌握的各种资源和网络架构，为自身工作的开展搭建平台。

第二，"心理育人"要将自身定位为提升思想政治教育质量的有力抓手。我国在高校开展思想政治教育是传统、特色，也是为帮助青年成长成才、培养社会主义建设者和接班人的有效途径。中国高校的心理健康教育与思想政治教育有着千丝万缕的联系，从根本上说，两者都是学校教育的组成部分，共同服务于"育人"这个目标、服务于大学生的健康成长，都是为了培养全面发展的、人格完善的人，都要遵循人的身心发展规律和教育规律，都作用于人的精神世界。

第三，"心理育人"要在与思想政治教育工作的融合发展中形成独立的工作体系。高校心理健康教育要想取得突破性发展，也必须在发展过程中自成体系，注重自身的专业化发展。为了更好地实现"立德树人"的育人目标，高校"心理育人"应该继续加强与思想政治教育的融合，建立一个以思想政治教育为平台，以心理科学为依据，以育人为目标的面向全体学生及教职员工的心理健康教育模式。这是现实的选择，是高校育人的要求，也是中国高校心理健康教育的特色所在。

第三章　大学生心理健康教育相关基础理论

第一节　大学生心理健康教育的目标

大学生心理健康教育目标是高校开展心理健康教育的导向和基本依据，是高校规定心理健康教育工作所要实现的对学生的影响及心理健康教育工作所要达到的效果的预想。心理健康教育的目标定位是高校心理健康教育最基本和最重要的问题。从理论上看，它直接决定了心理健康教育的功能、内容、原则、途径、方法等，是影响心理健康教育全局的灵魂；从实践上看，它决定着受教育者应该从心理健康教育中得到什么，形成什么样的素质，最终成为什么样的人。因此，科学制定高校心理健康教育目标对规范我国高校的心理健康教育实践具有重要的现实意义。

一、大学生心理健康教育目标的制定要求

（一）必须以人为本

心理健康教育是人性化的教育，它所关心的就是人本身（而不像其他学科那样，侧重研究自然或社会现象）。因此，制定心理健康教育的目标必须从人性出发。人性是什么？按照马克思主义的观点，人的需要即人的本性。马克思

与恩格斯在《神圣家族》一书中曾指出，人既不善，也不恶，就只是有人性。那么，人的基本需要是什么？恩格斯从物质资料的角度第一次论述了社会主义社会人的需要层次。他认为，在一个全新的社会制度下，通过有计划和进一步发展现有的巨大生产力，在人人都必须劳动的条件下，生活资料、享受资料、发展和表现一切体力和智力所需要的资料，都将同等地、愈益充分地交归社会全体成员支配。

由此可见，人的本性就在于，他（她）是一个活生生的具有自觉能动性的有需求欲望的人。人的一切活动无非就是为了满足生存需要、发展需要和享受需要。因此，制定心理健康教育目标时必须考虑人的自觉能动性和人生在世的最大追求，以人的切身利益为出发点。

从心理学意义上讲，人生活在这个世界上的重要追求大致可以概括为三个方面：一是和人的生存需要相对应的，即人要解决好适应问题；二是和人的发展需要相对应的，即人要解决好发展问题；三是和人的享受需要相对应的，即人要解决好幸福生活的问题。概而言之，人生的最大追求就是心理上的适应、发展和幸福。

（二）必须以教育为本

心理健康教育目标是高校教育目标的组成部分。高校教育目标具有整体性，需要分解为若干方面，心理健康教育目标是其中的一个方面，属于高校教育目标的一个组成部分，因此必须受高校教育目标及功能的制约。教育性是心理健康教育的基本属性。

从教育目的上说，现阶段我国的教育以提高全民素质为重要目标，以培养学生的创新精神和实践能力为重点，要培养德智体美劳全面发展的社会主义建设者和接班人。受教育目的的支配，心理健康教育目标是以培养受教育者的心理素质为其整体素质的提高奠定基础，以促进人的心理发展推动人的全面发展。

从教育功能上看，教育是一种有目的、有计划地促进人的全面发展，加速人的社会化的活动。心理健康教育作为此类活动,旨在从心理层面上塑造人和提升人。因此,心理健康教育的目标不应仅仅定位在使受教育者心理上适应、发展和学会生活,而是应该定位在使受教育者在心理上积极适应、主动发展和幸福生活。

（三）必须以人的心理为本

制定高校心理健康教育目标必须从人的心理出发。心理是人脑的机能。人脑是特殊的物质,有其独特的活动规律,心理健康教育目标的制定应该考虑科学地遵循人脑活动的规律,开发人脑的潜能。人的心理是对客观现实的能动反映。客观现实复杂多变,使学生做到对复杂多变的客观现实能动而积极地适应,应该是心理健康教育的应有之义。人的心理是不断发展的,呈现出一定的阶段性,心理健康教育目标就是要遵循人的心理发展规律,促进个体健康发展。人的心理是由多种心理成分（认知、情感、意志、个性等）交互作用而构成的有机系统,心理健康教育目标就要使受教育者的心理元素优化并达到心理健康的标准。因此,心理健康教育目标要具体落实在各种心理成分的优化上。

二、大学生心理健康教育目标体系

目前,根据不同的方式可以将心理健康教育目标分为不同的类型,按目标的抽象性,可以分为总目标和一般目标（具体目标）;从纵向层面来考虑,纵维目标即从心理发展的不同层次或水平构建心理健康教育的目标;从横向层面来考虑,横维目标即从心理素质的结构（包括认知、情感、意志、个性等）层面构建心理健康教育的目标。

（一）大学生心理健康教育的总目标

心理健康教育的总目标应该能反映心理健康教育的基本精神,将心理健康教育和其他的教育活动区分开来，因此，心理健康教育的总目标就是整个心理健康教育工作最终要实现的结果。心理健康教育属于教育的一种形式，其总目标必须为我国的教育服务。具体地说，心理健康教育的总目标就是提升全体受教育者的心理素质，促进受教育者的心理健康发展，为实施素质教育，培养德、智、体、美、劳全面发展的人才奠定心理基础。

为心理健康教育制定这样的总目标不仅符合相关理论，完善了我国的教育目标体系，更重要的是，心理健康教育总目标的实现对实现整体教育目标有着不可低估的价值。可以说，心理健康教育的总目标是一种理论性和抽象性的目标，这样的总目标是心理健康教育航船的"灯塔"，规定着心理健康教育的总航向。

（二）大学生心理健康教育的一般目标

一般目标是对总目标的分解，可以反映总目标的构成。高校心理健康教育的一般目标如下：

1.使受教育者形成健康的心理素质

具体到高校心理健康教育，就是要使大学生的人格得到和谐发展，引导他们正确地对待自己、接纳自己，认识自己的内在潜力，充分发挥个人潜能。

2.要提高受教育者的心理健康水平

提高受教育者的心理健康水平，具体来说，就是帮助他们确立符合自身发展的积极的生活目标，培养他们的责任感和创新精神；引导他们正确处理各种人际关系，从而更好地适应生活和学习环境。

3.要帮助受教育者做好社会准备

根据受教育者成长发展的需要和特点，采取多种方法帮助他们形成良好的道德品质、积极的人生观和价值观、积极的情绪情感、坚韧不拔的意志品质，养成良好的行为习惯，为适应未来的社会需要在能力上和心理上做好准备。

心理健康教育是每位教育工作者的任务，每项工作的开展都应符合心理健康教育的目标，为实现心理健康教育的目标服务。

（三）大学生心理健康教育的纵维目标

从人的本性、教育性和心理性出发，高校心理健康教育的纵维目标可以表述为使受教育者在心理上积极适应、主动发展和幸福生活。其中，心理上的积极适应是心理教育的基础目标，心理上的主动发展是心理教育的高级目标，而心理上的幸福生活是心理教育的终极目标。这样的表述既体现了人性和教育的功能，又使得心理教育同其他教育类型区别开来，从而揭示了心理健康教育的本质特征。

1.积极适应

人们想要满足自己的需要，达到既定目的，就必须适应外在环境，与外在环境保持平衡。适应就是人们与环境发生调和的过程。积极适应侧重积极满足人的生存需要，做到心理上对内外环境的协调和统一。

心理上的积极适应，指人在适应环境和事物时，心理各构成要素（认知、情感、意志、个性等）均处于有意识的、肯定的、活跃的和进取的状态。它不仅要适应环境，而且要改造环境；不仅是一种人生态度，而且需要相应的本领或技能。例如，学生在学习心理上的积极适应，就表现为他（她）在认知上是积极的。由"要我学"上升为"我要学"，是一种对学习材料的积极感知、积极记忆、积极思考、积极想象和积极建构，是情感上乐意学、意志上志于学、个性上好学、技能上会学的状态。这样的适应不是靠本能，而是靠教育，尤其要靠心理健康教育才能实现。

外界环境（包括自然环境和社会环境）处在不断变化之中，人们为了能生活得更好，就必须善于适应多种多样的变化，特别是社会的急剧变化。事实上，当前大学生诸多心理问题的发生常常和不能够积极适应环境变化有关。因此，将心理上的积极适应作为心理健康教育目标具有时代意义。

2.主动发展

所谓主动发展就是在积极适应的基础上，充分发挥个体的主观能动性，主动开发心理潜能、主动提升心理素质，从而使人的心理得到更快、更好的发展。主动发展包括这样几层含义：

（1）发展需要充分调动个体的主体意识，需要主体自觉、积极地参与；

（2）发展是有目的、有计划的，对发展结果的憧憬往往是发展的诱因之一；

（3）发展是对心理潜能的主动开发，往往需要克服心理惰性和惯性，调动个体的意志品质和积极的个性品质的参与才能完成；

（4）由于有主动意识的参与，因此主动发展比被动发展更快。

心理健康教育的重要目标之一就是培养受教育者的主动性，使受教育者无论接受什么样的学科教育、参与什么样的学科活动，都伴随着主体意识，能做到主动发展。没有心理上的主动发展，个人终将平庸一生，碌碌无为，更谈不上自我实现。因此，将主动发展作为心理健康教育的目标之一，有利于为社会主义建设培养更多的高素质人才。

3.幸福生活

"幸福生活"的心理健康教育目标同"人的享受需要"密切相关。这里的"幸福生活"不同于物质上的幸福生活，是指主观感觉上的幸福，或称主观幸福感。因此，"幸福生活"展开来说就是"在主观上感觉幸福地活着，或从事为生存和发展而进行的各种活动"。这个命题本身就体现了主观和客观的统一，体现了主观的能动性。一个人能幸福地生活，体现了他（她）的综合心理素质，是一个人心理健康的最终体现，也是一个人心理健康的最高境界。所谓"幸福教育"，就是要教育学生善于调节生活，能够以欣赏的态度对待学习、工作和他人，并从中得到乐趣，使学生能够树立正确的幸福观。

（四）大学生心理健康教育的横维目标

大学生心理健康教育的横维目标是上述纵维目标的具体化。从心理健康的横维结构上看，高校心理健康教育的横维目标可以分别在认知、情感、意志、个性、人际关系等方面得到实施。

1.高校心理健康教育的认知目标

认知是心理学中的一个术语，包括感知、记忆、想象、思维等形式。人们通常把它当作构成人心理过程的一个方面，简称"知"，与"情""意"相提并论。

（1）认知的积极适应目标

避免观察的盲目性和片面性，做到观察的自觉性和全面性；避免记忆的模糊性和无序性，做到记忆的精确性和有序性；避免想象的被动性和单调性，做到想象的主动性和丰富性；避免思维定式，做到思维灵活机动；避免注意力不集中和精力分散，做到注意力集中和精力旺盛。

对大学生来说，积极适应的认知品质主要体现为积极、认真的学习态度，掌握高效学习的认知策略和方法。

（2）认知的主动发展目标

高校心理健康教育不仅应使受教育者达到积极适应，还应该使受教育者开发智力和创造力。帮助受教育者不断挖掘积极的认知品质，提高注意力、观察力、记忆力、想象力、思维力和创造力，提高自我效能感；正确认识人与人之间的智力差异，使受教育者了解自己的优势智力，鼓励、支持受教育者充分发展自己的优势智力，寻找适合自己的发展方向、发展途径和发展领域。

（3）认知的幸福生活目标

使大学生发现美、欣赏美、创造美，正确认识幸福，具备感受幸福的素质，培养大学生感受和创造幸福的能力；使大学生以学为乐，欣赏学习过程，享受教育乐趣。

2.高校心理健康教育的情感目标

情感是人对客观现实态度的体验。情感教育是以培养大学生积极的情绪和情感为主要目的的教育。对受教育者个体而言，一方面，认知和情感的发展是紧密相关的；另一方面，情感教育能够促进大学生的心理健康，使其潜力得以充分发挥。情感教育既能通过培养大学生的情绪、情感控制能力来预测心理和行为问题，也能成为矫治大学生心理和行为问题的突破口。因此，情感教育的目标主要包括培养受教育者的社会性情感品质和提高其情感调控能力。情感教育的目标根据高校心理健康教育的横维目标做出不同的要求，具体表现在以下几个方面：

（1）情感的积极适应目标

避免冷漠、冲动、紧张、焦虑、抑郁、嫉妒、喜怒无常等不良情绪，做到善于进行情绪认知和情绪识别、情绪表达和情绪理解；学会情绪主导和情绪平衡、情绪控制和情绪宣泄、情感发展和情感培养。

（2）情感的主动发展目标

培养受教育者爱祖国、爱集体、爱人民的高级社会情感；培养受教育者爱科学、爱知识、爱真理等求知情感；注重对义务感、责任感、成就感和荣誉感的培养。

（3）情感的幸福生活目标

提高大学生的主观幸福感，促进大学生的沉浸式体验，即投入一种活动中去而完全不受其他干扰的影响。这种体验容易调动学生的参与积极性。

3.高校心理健康教育的意志目标

意志是个体自觉地确定目的，根据目的支配、调节行为，从而实现预定目的的心理过程。高校心理健康教育的意志目标是提高大学生承受挫折的能力，培养大学生良好的意志品质。

（1）意志的积极适应目标

避免易受暗示和武断、优柔寡断和草率、动摇和执拗、易冲动和感情用事，培养自身的独立性、果敢性、坚毅性和自制性。

（2）意志的主动发展目标

引导大学生主动制订活动计划并积极参与活动。在活动中，学生既要尊重事物的客观规律，又要虚心听取别人合理的建议，为了实现合理的目的，主动自觉地遵守纪律，克服困难。

（3）意志的幸福生活目标

引导大学生坚持不懈地培养正当爱好，追求正当幸福，体验奋斗之乐。

4.高校心理健康教育的个性目标

个性指一个人的整个心理面貌，是具有一定倾向性的各种心理特征的总和。高校心理健康教育的个性目标可以概括为促进学生的社会适应和完善学生的个性品质，具体表现为以下几个方面：

（1）个性的积极适应目标

避免孤僻离群、粗鲁狂妄、畏缩自卑、自由散漫、逃避责任等不良个性品质，培养学生自信、自制、自立、自强等优良个性品质。

（2）个性的主动发展目标

培养大学生良好的个性品质；完善大学生的人格，挖掘大学生人格中的积极力量。具体说来，大学生人格中的积极力量包括对世界充满好奇，爱学习，具有创造性、判断力、批判性思维和开放性思维等。

（3）个性的幸福生活目标

培养大学生乐观豁达的积极人格，使大学生在休闲生活方面，能够积极主动地寻找并享受健康有益的活动。

5.高校心理健康教育的人际关系目标

人际关系是人与人之间由于交往而建立起来的一种心理关系，它反映了个人或群体寻求满足其社会需要的心理状态，表明了人们在相互交往过程中关系的亲密性、融洽性和协调性等。人际关系的好坏对个体心理健康有重要作用，大学生处理各种人际关系的能力直接体现了其心理健康水平。因此，与人际关系有关的心理健康教育就显得非常重要。

（1）人际关系的积极适应目标

避免恐惧、敌意等心理，做到善于交往，在交往中保持独立，不卑不亢，尊重、信任、理解他人，能在集体中与他人和谐相处。

（2）人际关系的主动发展目标

培养大学生主动建立和谐人际关系的意识和能力，使大学生能够积极主动地交往、沟通并积极有效地处理沟通交往中出现的心理障碍，积极主动地培养和谐的师生关系、同伴关系等。

（3）人际关系的幸福生活目标

使受教育者为能善于利用人际关系资源而感到快乐。

第二节　大学生心理健康教育的内容

大学生心理健康教育的内容是为大学生心理健康教育的目标服务并受目标制约的，因此，可将大学生心理健康教育的内容概括为三大方面：积极适应型心理健康教育、主动发展型心理健康教育和幸福生活型心理健康教育。

一、积极适应型心理健康教育

（一）学习上的积极适应

学习上的积极适应最重要的是提升学生的学习力。自"学习力"这一概念被提出，不同的学者对学习力的构成要素形成了不同的认识。一般来说，学习力可以分为组织学习力和个人学习力。就个人学习力来说，人们通常认为学习力就是一个人的学习动力、学习毅力和学习能力的总和。同理，组织学习力就是团队或个人的知识获取动力（学习动力）、知识获取能力（学习能力）、知识内化能力（知识吸收能力）和知识外化能力（知识运用能力）的总和。

知识获取动力，即学习动力，学习动力源于人们的学习动机。

知识获取能力，即顺利完成学习活动所必需的心理特征，它反映了人们完成学习任务的可能性，具体可表现为人们获取知识的有效学习方法、良好的学习习惯等。

知识内化能力，即人们记忆、吸收、思考、消化知识的可能性。

知识外化能力，即人们根据情境灵活运用所学知识，转化成财富并进一步创造知识的能力，表现为人们对知识的应用、复制和创新。

可见，学习力是学习动力、学习毅力、学习能力和学习创新力的总和。

（二）人际关系的积极适应

人际关系是人们为了满足某种需要，通过交往形成的人与人之间相对稳定的心理上的关系，主要表现为心理上的远近、亲疏和厚薄。所谓人际关系的积极适应，即积极主动、乐于、善于建立并维持和谐的人际关系。

人际关系的辅导与教育，又称社交辅导或人际交往教育。具体到大学生这一群体，则指运用有关心理健康教育的理论和技术，指导大学生的人际交往过程和人际交往活动，提高大学生人际交往质量，进而促进大学生人格健全的一种教育活动。

人际关系中的种种不协调现象，往往会使大学生产生偏激行为。因此，高校心理健康教育要教给大学生人际交往的技巧，使他们学会交往、合作，懂得尊重、理解、信任和宽容别人。

（三）应考、就业的积极适应

考试作为检查学生基本知识和基本技能掌握情况和能力形成情况的一种手段，是教学过程的重要组成部分。对教育管理部门来说，考试是评估教学质量、检查教学成果和考核教师业绩的重要依据；对教师来说，考试是获得教学反馈、了解学生学习情况和检验教育教学成果，以便更好地总结教学经验和改进教学工作的有效方法；对学生来说，考试是了解和检验自己的学习状况，明确努力方向、调整学习计划的必要环节。

应考的积极适应表现为：使学生以坦然的心态对待考试。许多学生在面临考试，特别是和升学、择业密切相关的重大考试时，常会出现一些诸如焦虑、恐惧等应试心理问题。因此，做好应试心理指导也是高校心理健康教育不容忽视的方面。应试心理指导的内容颇多，但应至少包括考前复习心理指导、克服考试焦虑的心理指导、应考心理指导等。

二、主动发展型心理健康教育

建构主义认为，学生积极的心理品质是可以主动建构的。心理健康教育的重要内容之一就是要充分发挥学生的主观能动性，培养学生积极的心理品质。这既是心理健康教育发展性目标的要求，也是心理健康教育追求的最高境界。主动发展型心理健康教育主要包括以下内容：

（一）主动建构积极的认知品质

所谓主动建构积极的认知品质，就是要树立建构主义的理念，积极主动地培养大学生的感知、记忆、思维、想象等优良心理品质。人有多种智力，如语言智力、数学逻辑智力、音乐智力、空间智力、运动智力、人际智力、自知智力、自然认知智力等。建构积极的认知品质，即重视一般智力的开发与培养，不断提高大学生的注意力、观察力、记忆力、想象力和创造力。

（二）主动建构积极的情绪和情感品质

积极的情绪和情感体验是积极心理学关注的重点内容之一。积极情绪是人们做出正向、积极行为时的情绪状态。积极情绪不仅是心理健康的体现，而且对心理健康起着维护和改善作用。大学生的情绪和情感涉及生活的各个方面，相应的教育内容应是丰富多彩的。

（三）主动建构积极的意志品质

主动建构积极的意志品质，应做到以下几点：一要独立思考，坚持真理，充满自信；二要善于观察事物的发展变化，通过分析、比较，去伪存真，明辨是非，迅速、坚决地做出决定；三要有百折不挠的精神，遇到任何挫折都不灰心。

（四）主动建构积极的个性品质

心理学中"个性"的概念与我们日常生活中所讲的"个性"有所不同。在日常生活中，人们往往认为一个"倔强""要强""坦率""固执"的人很有"个性"，而"文雅""平和""斯文""柔弱"的人没有"个性"。这种看法在心理学领域是错误的。其实，在心理学上，这正是人所分别具有的不同的个性，它们都是在一定的遗传基础上，经过后天不同生活实践的磨炼而形成的带有倾向性的个体心理特征，是一个人区别于其他人的精神面貌和心理特征。人们之所以认为前者有"个性"，后者没"个性"，是由于前者的个性特征比较鲜明，后者的个性特征比较平淡，后者不容易给人留下深刻的印象罢了。

三、幸福生活型心理健康教育

幸福的主观性很强，不同的人有不同的理解，故而人们很难对幸福进行明确的界定。目前，多数心理学家从人的主观精神层面探讨幸福，并将这种主观感受到的幸福称为"主观幸福感"。受到公认的观点是幸福与多种心理因素相联系，包含了幸福的感情、需要、认知和行为等诸多因素。幸福是人类一贯的追求，古今中外的思想家从不同的角度对幸福进行了研究，提出了各种各样的幸福观。

这里所说的幸福生活型心理健康教育，是指运用心理学的理论和方法，对个体学习和工作之外的生活，诸如休闲、娱乐等进行指导和教育，通过培养个体健康的生活情趣、乐观向上的生活态度和良好的行为习惯，帮助个体感知、体验和创造幸福生活，学会享受生活，提高生活质量，提高个体的主观幸福感，以促进学习和工作效率的提高以及个性的健康发展。

第三节　大学生心理健康教育模式

心理素质作为人的一项基本素质，具有举足轻重的作用，它影响一个人生活的方方面面，所以，高校把心理健康教育工作放在了一个非常重要的位置。

我国高校心理健康教育工作经过几十年的发展，已由当初的针对个别有心理障碍学生的辅导工作发展到面向全体学生，以提高全体学生的心理素质为目标的工作。我国大部分高校设立了心理健康教育与咨询中心，并配备了专职人员和专门的工作场所，开展个别咨询、团体咨询、网络咨询、电话咨询等咨询工作，各高校积极探索并开设相关的心理健康教育课程，开展丰富多彩的心理健康教育活动。

但是，不同的大学生对心理健康教育有不同的需求：心理相对健康的学生需要提升心理素质，从而更好地适应学习、生活和将来的工作；有心理问题的学生需要解决自己的心理困惑；有的学生对心理学感兴趣，想学习更多的心理学知识。因此，高校要根据学生的不同需求，开展不同层次的心理健康教育。针对国内大学生心理健康教育工作的现状，在此提出心理健康教育三级工作模式。

一、开展以心理健康教育为主题的活动

心理健康教育活动是提高大学生心理健康水平的重要途径，而目前各个高校从事专职心理健康教育工作的人员是有限的，但是基本都设有班级心理委员和心理协会两支队伍，他们可以在心理咨询中心老师的指导下开展针对性强的活动。

（一）依托心理委员开展心理健康教育主题班会

心理健康教育主题班会的目的是提升学生的心理品质，通常根据学生的特点，结合班级学生某一阶段普遍关注的心理问题科学地设计方案、有序地开展活动。一般来说，心理健康教育主题班会应主题明确、内容丰富、形式多样，因此，其针对性强、受益面广、操作性强。主题班会是大学生思想政治教育的主渠道，心理健康教育可以借鉴其成功经验，每个班级结合本班的实际情况有针对性地开展心理健康教育主题班会，一般每个学期举办一到两次。班级心理委员的主要职责是协助辅导员开展心理健康教育主题班会，在主题选择、方案设计、活动组织、活动开展等环节要充分发挥主观能动性。

（二）开展朋辈心理辅导活动

朋辈心理辅导，是指具有一定心理学知识和助人技能的学生，在专业心理工作者指导下开展的心理疏导和助人活动。在遇到心理困惑时，向同龄朋友述说是大学生常见的求助方式，而心理委员作为大学生中的一员，他们之间有着相似的成长经历和情感体验，心理距离小，更容易互相理解和沟通。因此，通过心理委员开展朋辈心理辅导是高校心理健康教育的重要补充内容。为了提升朋辈心理辅导的科学性和专业性，首先，心理咨询的专业教师要对心理委员进行专业培训，使其掌握朋辈辅导的基本知识和基本技术；其次，教师要定期为心理委员提供帮助，切实提高其朋辈辅导能力。

（三）开展心理健康知识宣传活动

心理健康知识的宣传与普及，可以让大学生掌握更多的心理健康知识，提高自我调适能力，改变对心理咨询和心理治疗的偏见。心理委员可以通过微信、微博等在班集体中宣传、普及大学生心理健康知识。

二、开展心理咨询与心理健康教育工作

心理咨询与心理健康教育工作是专业性比较强的工作，只有经过系统训练的专业人员才可以胜任。

（一）个别心理咨询

心理咨询是指运用心理学的方法，对在心理适应方面出现问题并企求解决问题的来访者提供心理援助的过程。高校应重视心理咨询工作，完善各项规章制度，提升心理咨询的规范性、科学性和专业性，切实有效地解决学生遇到的各种心理困惑。

（二）团体心理辅导

团体心理辅导是在团体情境下提供心理帮助与指导的一种咨询形式。团体心理辅导通过创建信任的团体氛围，鼓励和引导参与者在人际交往过程中，围绕共同关心的话题，自由地表达自己的思想和感受，并通过观察、学习、体验，分享多样化的观点和资源，认识自我，接纳自我，调整、改善与他人的关系，学习新的态度与行为方式，从而达到澄清观念、提升认识、改变行为、促进人格健康成长的目的。

（三）开设心理健康课程

心理健康课程是向学生宣传心理健康知识和心理调适方法的有效途径。由

专职心理咨询教师授课，通过案例教学、体验活动、课堂讨论、行为训练等多种形式，不断丰富心理健康教育课程的教学内容，增强课堂教学效果，充分发挥课堂教学在大学生心理健康教育中的重要作用。

（四）心理危机干预工作

心理危机干预是高校对出现心理危机的学生采取的有效措施，避免伤害或将危机造成的损失降至最低，旨在确保大学生的生命安全，恢复其心理平衡，提高其应对能力，使其重新适应大学学习和生活。

三、建立完善的转介机制

对抑郁症、精神分裂症等精神疾病的诊断和治疗必须由精神科医生执行，所以高校与专业医院建立畅通的联系渠道是很有必要的。

总之，大学生心理健康教育是一项系统工程，只有学校各个部门和各支队伍互相配合、分工合作才能有效实现。

第四节　高校心理健康教育与服务体系

经济的快速发展推动了社会竞争的加剧，大学生所承受的心理压力也越来越大。大学生心理健康问题及其产生的不良影响逐渐引起社会的广泛关注。大学生心理健康情况不仅关系到大学生的自身发展，也关系到国家的发展和社会的稳定。可见，大学生心理健康教育已成为高校教育教学工作的重要任务。

但是，我国高校心理健康教育与服务体系还存在着许多问题，而这些问题严重地影响着大学生心理健康教育的开展和成效。因此，探索高校心理健康教育与服务体系的特点、问题和发展路径十分重要。

一、高校心理健康教育与服务体系的特点

近年来，我国越来越重视大学生心理健康教育工作，并将其视为人才培养体系的重要组成部分和思想政治工作的重要内容。教育部先后发布了《教育部关于加强普通高等学校大学生心理健康教育工作的意见》《教育部、卫生部、共青团中央关于进一步加强和改进大学生心理健康教育的意见》《普通高等学校学生心理健康教育工作基本建设标准（试行）》《高等学校学生心理健康教育指导纲要》等重要文件。上述文件强调心理健康教育应与思想政治教育相结合，实现心理健康素质、思想道德素质和科学文化素质的协调发展。

目前，我国高校心理健康教育与服务体系具有以下特点：

1.高校心理健康教育被视为思想政治教育的一部分

除心理健康教育课程由专业教师承担外，不少心理健康教育工作由辅导员等思政工作者承担。

2.高校心理健康教育与服务管理体系具有思政工作的统一领导和网格化组织特点

高校心理健康教育工作领导小组由主管校领导负责，其成员由各部门负责人组成，如心理健康教育和咨询机构、学生工作处、宣传处、教务处、人事处、财务处、安全保卫处、后勤处、校医院、各学院（系）、研究生院和相关学科教学研究单位等。同时，高校应建立三级网格化工作体系，使大学、学院（系）和班级的网格化工作组织相互配合。

3.高校面向大学生开展心理健康教育与服务工作

高校开设的心理健康教育课程能够使大学生获得相关知识和技能，部分高

校开设的心理健康教育选修课程也能较好地丰富课程体系。另外，高校能够通过网络平台开展宣传教育活动。

4.高校能够为大学生提供基本的心理咨询服务

目前，我国各高校均已设立心理咨询室或心理辅导室，并能够开展网上咨询和电话咨询。此外，高校能够加强制度化和规范化建设，按照保密原则为学生建立咨询服务档案。

5.高校已基本建立大学生心理危机预防和干预服务体系

高校能够开展大学生的心理健康状况普查活动，发现大学生可能存在的心理问题，并及时进行心理辅导和心理干预。此外，高校可与相关医院合作，共同应对学生的心理疾病。

二、高校心理健康教育与服务体系存在的问题

（一）缺少独立的发展空间

部分高校将心理健康教育视为思想政治教育的一部分，甚至用思想政治教育代替心理健康教育。实际上，两者有着较大差异。心理健康教育使学生掌握心理健康基本知识，提升学生的心理素质；而思想政治教育通过思想教育、道德教育、政治教育和法治教育等帮助学生树立正确的世界观、人生观和价值观。思想政治教育不可避免地带有政治色彩，比较而言，心理健康教育更加关注学生的心理变化，其本身并无明显的政治色彩。

（二）缺少本土化的学术理论

我国高校心理健康教育与服务工作始于20世纪80年代，由于起步较晚，在编撰教材和心理辅导材料时大多使用西方的心理学理论和实验案例。然而，西方的心理健康教育与服务更多地体现着西方国家的政治、经济和社会特征，

其所包含的思想理念、教育模式、教育经验和服务方法也是在西方国家的特定环境下产生的。而我国的心理健康教育思想源于中国传统哲学、医学和教育思想，其产生的本土环境和服务对象与西方心理健康教育有所差别。如果心理健康教育和服务的学术理论与其对象的生活环境和文化信仰存在明显冲突，就难以发挥应有的效用。因此，相关学者应注重心理健康教育理论的本土化。

（三）缺少科学的管理体系

部分高校管理层对心理健康教育的任务、特点和发展规律缺乏了解，尚未认识心理健康教育与思想政治教育的本质区别。高校心理健康教育管理体系由多个职能部门构成，而这些部门均有各自的工作任务，很难分出时间和精力用于本部门之外的工作。因此，各职能部门共同参与心理健康教育管理工作的制度设计有时就流于形式。另外，该管理体系在运作过程中将主要精力聚焦于大学生心理疾病的排查和治疗上，而对具有普遍性的心理健康教育缺乏重视。部分高校管理层还没有深刻意识到全面提升大学生心理素质和促进大学生心理健康发展的重要性。

（四）缺少完整的课程体系

部分高校目前仅开设一门大学生心理健康教育方面的基础课程，由于没有后续课程的衔接和补充，大学生所接受的心理健康知识缺乏全面性和系统性。

（五）缺少专业的师资队伍

我国高校普遍缺少具有心理学知识和技能的人员。许多从事心理健康教育与服务的人员是来自其他专业领域的兼职教师。这种情况产生的原因主要有以下几点：

（1）我国开设心理学专业的高校较少，截至 2019 年，只有 75 所高校开设了心理学专业；

（2）我国高校没有在本科阶段设置心理健康教育专业，心理健康教育只是思想政治教育专业、高等教育学专业或者应用心理学专业在研究生阶段的一个专业方向，该学科能够培养的人才极为有限；

（3）心理健康教育只是高校设置的一门基础课程，难以吸引优秀的教师投身于该专业；

（4）部分高校设置心理健康教育课程是为了应对国家政策的要求，在师资建设方面缺乏长远规划。

（六）缺少专业的全职咨询人员

我国高校心理健康咨询服务中心并非高校下属的独立二级单位，而是隶属其他行政部门的机构，例如，隶属学生工作处、团委、社科处、校医院等部门。由于心理健康咨询服务中心不具有独立性，所以普遍缺少专职人员。高校基本按照 1∶4 000 的师生比例配备心理辅导与咨询服务相关的教师和工作人员。但是，专家型的专职人员数量较少，而兼职人员较多。这些兼职人员通常是高校的思想政治教育工作者或行政管理人员，不仅缺乏相应的专业知识和技能，也难以全心投入相关工作。

三、高校心理健康教育与服务体系建设路径

（一）拓展心理健康教育与服务的独立发展空间

心理健康教育与服务有其独特的发展规律，应当给予其相对独立的发展空间。心理健康教育与服务应主要实现三个目标：

（1）提高全体学生的心理素质，实现普遍性心理健康教育；

（2）提高学生的心理调节能力和适应能力，使其更好地适应外部社会环境，实现个体与社会的和谐发展；

（3）帮助个别学生解决心理问题、克服心理障碍，预防和治疗心理疾病。

（二）实现心理健康教育与服务理论的本土化

理论的本土化是我国高校心理健康教育与服务发展的必然趋势。既要避免心理健康教育理论的全盘西化，也要避免盲目抵制西方先进理论的偏见。具体实现途径如下：

（1）构建中国化的心理健康教育理念和教育模式，研究中国人特有的行为特征，设计适合中国人使用的心理测量工具；

（2）研究中国现实国情与大学生心理健康发展之间的关系，探索适合中国国情的心理健康教育模式和教育方法；

（3）继承中国传统思想中的观点和学说，同时批判地吸收国外心理健康教育的理论和方法；

（4）依据中国社会文化习俗和大学生心理特点，采用适合中国国情的心理咨询方法；

（5）心理辅导和治疗的方式需要与中国社会环境和大学生心理特点相适应。

（三）完善心理健康教育与服务的管理体系

高校心理健康教育的管理机构应转变工作思路，避免采用思想政治教育的方法进行心理健康教育。心理健康问题不是思想政治问题，采取思想政治教育的方法解决心理问题会激发大学生的逆反心理，甚至会使问题变得更严重。同时，高校心理健康教育管理机构应科学处理心理健康教育与心理问题排查之间的主次关系，将工作重点放在普遍性心理健康教育方面，而排查和治疗有心理问题的学生只是心理健康教育工作的一部分。

（四）加强心理健康教育与服务的师资队伍建设

心理健康教育与服务是技术性很强的工作，需要专业化师资队伍，保证工作的科学性、规范性和实效性。高校应当建设以专家型教师为主要力量的师资队伍，并由其负责专业课程教学、心理咨询和辅导、咨询服务中心的管理，以及制订心理健康教育的整体规划等。

专家型教师应满足以下条件：

（1）具有丰富的心理咨询经验；

（2）具有较强的管理能力，能够为心理健康教育工作的开展制订系统的规划。

此外，高校可以根据实际需要配备兼职教师，以解决专职教师不足的问题，兼职教师可以是心理咨询师、医学专家等。

（五）优化心理健康教育与服务的课程体系设置

高校应根据大学生的心理发展特点，科学地设置心理健康教育与服务课程。心理健康教育与服务课程如下：

1.心理健康基础知识课程

该课程旨在普及心理健康的基础知识，使大学生认识个体的心理活动和个性特征，以科学的态度对待不同成长阶段的心理问题。

2.心理健康基本技能培训课程

该课程旨在提供提高大学生心理素质的方法，消除大学生的心理困惑和负面情绪，提高大学生应对挫折的能力。

3.心理健康专项素质提升课程

该课程旨在有针对性地开展心理素质的提升锻炼，包括适应教育、人格教育、挫折教育、自信教育、情绪教育等。

（六）完善心理健康教育与服务的咨询与心理干预机制

高校应当通过心理咨询服务及时发现学生面临的心理问题，并采取必要的心理干预机制应对可能出现的心理危机。心理危机主要有以下三种类型：

1.发展型危机

发展型危机，即由生理和心理的发展变化引起的危机。例如，由青春期的逆反心理、成长中的家庭矛盾冲突、身体健康问题等引发的心理危机。

2.境遇型危机

境遇型危机，即由无法预料或难以控制的事件引发的危机。例如，由亲人死亡、失恋、暴力伤害、学业成绩不佳或自然灾害等引发的心理危机。

3.现实存在型危机

现实存在型危机，即由人生关键时刻的心理压力导致的心理危机。例如，大学生在面临择业和创业时产生的心理危机。

在确定具体的心理危机后，高校应当积极开展心理干预活动。虽然心理干预是一种短期的心理疏导和帮助行为，但是其能够及时地对那些经历个人危机、处于困境和将要发生危险的学生提供支持和帮助，使之尽快地恢复心理平衡。

总体而言，我国高校心理健康教育与服务体系建设需要相对独立的发展空间、本土化的学术理论、科学的管理机构、专业的师资队伍、优化的课程体系、有效的心理咨询与心理干预机制。为此，我国高校需要在中华优秀传统文化的基础上形成具有中国特色的心理健康教育理论和教育方法，全面推进心理健康教育与服务的发展。

第四章 心理健康教育的方法

第一节 构建心理危机干预系统

20 世纪 90 年代末,世界卫生组织的专家曾指出,到 21 世纪中叶,没有任何一种灾难能像心理危机那样给人们带来持续而深刻的痛苦。人类已从"传染疾病时代""躯体疾病时代"步入了"精神疾病时代"。越来越多的青年有机会进入大学接受高等教育,大学生开始面对来自学业、就业、生活的压力。

根据心理危机理论,探讨大学生心理危机的特点,构建大学生心理危机干预系统,对于减轻大学生的心理压力,提高大学生自身的心理素质,构建和谐校园等有重要意义。

一、心理危机和危机干预的概念

大学生的心理危机主要是指在学习和生活中出现的中至重度抑郁,严重焦虑,极度冲动,吸毒,酗酒,突发精神疾病,遭遇罕见或超常事件(如突发重大疾病、家庭内的重大变故等),以及无法预测和控制事件时出现的心理危机状态。大学生出现心理危机时有下列三个标志:

(1)发生使学生产生较大心理压力的事件;

（2）学生出现一些不适的感觉，但尚未达到精神疾病程度，不符合任何精神疾病诊断；

（3）学生依靠自身能力无法应对困境。

危机干预，又称为危机介入、危机管理或危机调解。我国学者季建林认为，危机干预是一种通过调动处于危机之中的个体的自身潜能，来重建或恢复危机出现前的心理平衡的心理咨询和治疗技术。另一位学者马湘培认为，危机干预是提供紧急支援（社会支持），帮助当事人渡过难关，重建心理平衡与获得健康。危机干预不同于一般的心理咨询和治疗，是一种特殊的心理咨询服务，是一种在紧急情况下的短程心理治疗。

心理危机干预的理想目标是增强个体抵御危机的能力，培养其健全的心理机能，促进其成长和发展。与普通心理咨询相比，心理危机干预的突出特点是心理治疗的及时性和迅速性，有效的行动是心理治疗的关键。

二、大学生心理危机的类型

心理学家应用危机理论，把危机分为发展性危机、境遇性危机和生存性危机。发展性危机是指正常成长过程中，急剧的变化或转变所导致的异常反应。境遇性危机是指出现罕见或超常事件，且无法预测和控制事件时出现的危机，具有随机性、突然性、震撼性、灾难性和不可预见性。而生存性危机是指存在性危机，伴随着重要的人生问题，如关于人生目的、责任、独立性、自由和承诺等出现的内部冲突和焦虑。

心理危机的产生是应激源和个体易感性共同作用的结果。大学生个体所处的内外环境是不断变化的，而大学生个体也处于不断进行自我调整的时期。在学习和生活中，大学生总是会面临一些无法应对的情况，如家庭矛盾、经济压力、失恋、人际交往困难等，这些事件都有可能成为诱发大学生心理危机的应激源。对一些大学生而言，由于受到个人的生活经验、教育背景等的影响，一些在其他人看来很小的事件，就有可能使他们陷入心理危机。

三、积极构建大学生心理危机干预体系

目前，高校对大学生心理危机干预的主要工作有：建立大学生心理咨询中心，进行理论研究；开通心理危机干预热线，进行实践干预；建立一定的心理危机预防、干预、快速反应机制等。建立大学生心理危机干预体系，包括设置心理危机干预机构，建立心理危机干预制度和心理危机处理机制等。其中，首要的任务是要设立心理危机干预中心，明确各部门的职责和任务，形成一套完善的运行机制，其次，是要加强制度建设，如建立大学生心理健康普查制度、心理咨询室值班及管理制度、大学生心理健康汇报制度、大学生心理危机干预制度等。

（一）建立大学生心理危机干预中心

心理危机干预中心的两大职能是预防和干预。大学生心理危机的干预工作要立足教育，重在预防。为了使心理危机干预工作能够顺利开展，首先，高校应该成立大学生心理危机干预工作领导小组，获得政策支持和制度保障。同时，设立大学生心理危机干预中心，在大学生心理危机干预工作领导小组的指导下，统筹高校各方面资源，协调各部门，总体规划大学生心理危机干预工作，制定心理危机干预的方案与细则。在高校各系、部设立大学生心理危机干预小组，将心理危机预警系统向系、部、班级延伸。

1.开展大学生心理健康状况普查工作，建立在校生心理健康档案

密切关注大学生的心理发展情况，对容易出现心理危机的高危人群做出及时评估、诊断和预警，建立干预对象档案库，并定期追踪观察，做到及时发现、及时指导、及时帮助。

2.促进心理危机自救知识在大学生中的普及和推广

通过开展心理危机专题讲座，使大学生对于心理危机的含义、特征和症状表现等有基本的了解，掌握一定的心理危机自救技巧。

3.开展多种形式的心理咨询

除了进行常规的面对面心理咨询之外，还应开设心理危机求助热线，开展电话咨询，以及借助网络开展网络咨询等。出现心理危机的大学生，既可以不暴露自己，又可以充分敞开心扉，有助于有效地化解大学生心理危机。

4.尽全力为大学生心理健康保驾护航

及时为处于心理危机中的大学生提供心理危机援助，必要时进行转诊，并做好处于心理危机中的大学生的跟踪援助工作，帮助大学生解决心理危机，使其心态平和，回归正常的学习和生活状态。

（二）加强大学生心理危机干预队伍的专业化建设

心理危机干预不同于一般的心理帮助服务，它具有医学、心理、社会的复合性，没有相关专业知识和技能的人是难以胜任该项工作的。高校应建立大学生心理危机干预队伍，从保卫部门、校医院、学工处、心理健康教育及心理咨询中心选拔相关人员，并对他们开展危机干预知识和技能、技巧培训，增强他们的职业素质和道德素质。同时，大学生心理危机干预队伍的教师要有较强的心理素质和充沛的精力；要能真诚、热情地帮助当事人，并始终如一；要学会调节自己的情绪，保持良好的精神状态。大学生心理危机干预必须走专业化道路，坚持高起点原则，才能逐步提高心理危机干预的能力和水平。同时，大学生心理危机干预队伍应加强同精神专科医院、社会心理危机干预机构的联系与合作，共同为大学生服务。

（三）建立大学生心理危机干预动态预警机制

建立大学生心理危机干预动态预警机制，是引导学生正确认识心理危机，理性处理心理危机，使大学生恢复平和心态的重要措施。为了及时了解大学生的情况，可在每班设一名"心理委员"，即班级心理健康联络员，其是心理危机干预队伍的重要组成部分。心理委员负责心理健康信息的上传下达，重点关注本班学生的心理状况。要发挥心理委员的预警作用，首先要做好班级心理委员的培训工作。要建立预警信息的动态评估制度，保证当学生出现心理危机时，心理委员能根据学生心理危机的评定参考标准，评估其心理危机的严重程度，确定是否需要上报，从而采取及时有效的措施。设班级心理委员，是创建心理危机干预动态预警机制的基础，是完善心理危机预警系统的重要举措。

（四）建立心理危机处理机制

一旦发生突发性危机事件，心理危机处理系统的运行状况就直接关系到当事人的心理状态，甚至生命。大学生出现心理危机时大多身在校内，一旦学生出现心理危机，心理危机干预人员就要根据预案迅速行动，迅速采取措施，同时上报大学生心理危机干预领导小组，并通知学生家长共同处理。如果大学生的心理危机进一步恶化，已超过学校和家长所能解决的范围，学校和家长需要当机立断，迅速请求专业心理治疗机构介入。大学生心理危机干预队伍还要做好以下两方面工作：

1.对渡过心理危机的学生继续提供心理危机援助

心理危机干预人员要给予学生心理上的支持和学习、生活上的关怀，使学生真正从危机事件中恢复，回归正常生活。如果心理危机没有得到恰当的处理，即使当事人对心理危机进行了有效的控制，它也会在当事人的生活中反复出现，会对当事人产生巨大的影响。一旦新的刺激出现，就会把当事人带回到危急状态之中。

2.对与危机事件有关的学生进行帮助和治疗

这些学生或是参与、目睹了危机事件，或是与危机事件当事人关系密切，危机事件也会对他们的学习和生活产生极大的影响。但是，在实际工作中，由于种种原因，心理危机干预人员往往忽视了这些同学的心理危机，使他们没有得到足够的关注和帮助。例如，自杀学生的室友会对自杀同学的行为感到惊讶、困惑、后悔或自责，甚至恐惧，这些情绪都会极大地影响他们的学习和生活。因此，对与危机事件有关的学生进行心理危机干预也是非常必要的。心理危机干预不仅要帮助他们接受这个事件，而且还要通过危机后的干预使他们能够帮助其他人。

（五）加强对大学生的心理素质教育

随着社会经济的发展，高校教育从注重对学生的知识、技能的培养转变为注重学生的全面发展。高校需要重点培养学生的心理素质、身体素质、科学文化素质和职业素质等多种素质，转变思路，促进学生的全面发展。在学生就业方面，高校需要从过去单纯的管理转向支持与引导，加强学生的自我管理，按照"学会学习、学会思考、学会生活"的目标塑造符合社会发展的新型人才。

高校要构建尊重学生、理解学生、关心学生的育人氛围，帮助学生养成自我调整、自我行为约束、自我管理的好习惯。加强大学生心理健康教育的力度，积极营造有利于学生健康成长的校园文化环境，使大学生实现全面发展。

（六）培养大学生应对危机的能力

心理危机干预机制与自我认知有着密切的关系，如果一个人能够建立正确的自我认知，很多心理危机就会迎刃而解。心理危机是个人成长的伴生物，人的成长就是在心理危机中一次次地自我突破与自我提升，是一次次克服挫折与失败的阻碍而实现成长的过程，更是逐渐完善自我的过程。因此，只要正确地认识心理危机，以心理危机为契机，就可能在心理危机干预的过程中实现自我成长。

在干预之外，更要注重预防，要通过各种方法和手段提高学生对于心理危机的抵抗能力。高校要向学生宣传、普及心理健康知识，使其了解自身的情况，了解心理健康对成长、成才的重要意义；要向学生介绍保持心理健康的方法，使学生掌握科学、有效的学习方法，养成良好的学习习惯，积极开发自身的潜能，培养创新精神和实践能力；要向学生传授心理调适的方法，使学生学会自己进行心理调适，有效消除心理困惑，自觉培养坚韧不拔的意志和艰苦奋斗的精神，提高承受和应对挫折的能力；要为学生解析心理异常现象，使学生了解常见心理问题的主要表现及其产生的原因，以科学的态度应对各种心理问题，提高学生应对心理危机的能力。

第二节　建立和谐的师生关系

个体的认知、情绪情感和意志都要经历发生、发展和结束的不同阶段。对于情绪情感体验丰富，但认知系统尚不完善，意志相对薄弱的大学生来讲，高校校园文化能有效地改善学生的认知结构，调节学生的情绪，激发学生的学习积极性，磨炼学生的意志力。高校文化中那些先进的理念，对于学生形成正确的职业观影响很大。"成功人士"的示范，能有效激发学生的学习动力。高校中的实践体验课程，对于磨炼学生的意志，培养学生吃苦耐劳、敬业奉献的高尚情操有重要作用。研究表明，环境的影响是巨大的，学生在特定的文化氛围中，通过感知不同的思想理念，丰富与改善个体已有的经验，在参与不同的文化活动中，体验不同的情感，有利于培养学生的意志力。目前，个别学校有针对性地开展挫折教育，这种教育氛围对促进大学生心理健康教育的影响很大。由此可见，校园文化会对学生的心理健康产生重要影响。

个性是创造的源泉。尊重学生的个性，创设安全、自由、和谐的校园环境，是学生个性发展的外在条件。要使学生保持良好的心理状态，让学生感到"心理安全"和"心理自由"，就必须使学生认同这种尊重个性的环境，产生安全感，没有任何戒备心理，不必为自己新奇的想法和做法感到担心，能够比较自由地进行思考。如果学生产生了心理压力，失去了安全感，就会失去信心，甚至产生焦虑不安的情绪。因此，创造和谐的心理环境，保持密切的师生关系，使学生心情舒畅，对学生保持良好的心理状态非常重要。创设和谐的心理环境，满足学生的发展需求，才能提高学生的心理健康水平，促进学生快速成长。因此，心理健康教育要充分尊重学生的个体差异，建立和谐的师生关系有助于提高教学效率。

一、在尊重学生的前提下接受学生的个体差异

和谐的师生关系是开展一切教育活动的基础。缺少这一基础，教育活动就无法深入进行，更无法取得预期的效果。建立和谐的师生关系的原则是尊重、理解和接受。

（一）尊重学生

按照马斯洛的观点，尊重是人类较高层次的需求。尊重学生，就是尊重学生的人格，充分认识到学生的独立性；就是尊重学生的创新意识、创新思维，不打击、挖苦学生一些新奇的想法，帮其分析其中的可行性，并帮助学生将想法付诸实践；就是尊重学生的隐私，每个人都有自己的隐私，没有得到学生的同意，任何人都没有权力将其传播出去。

（二）理解学生

良好的师生关系的建立，需要教师经常与学生沟通，学会倾听学生的心声，获取第一手真实、可靠的信息。如此教师才能对学生的行为做出准确的判断，分清思想问题与心理问题，找准问题的根源，进而采取相应的教育手段进行干预和引导。在实际工作中，教师组织一些简单的团体活动，既可以使师生关系

更加融洽，增加师生间的信任和了解，又可以培养学生的沟通能力。

（三）接受学生的不足

任何事物都有两面性，世界上任何人都不会十全十美，学生也是如此，教师要允许学生有不足、犯错误。如果学生都是完美的，那么教师就没有存在的必要了。教师不能苛求学生，不能因为学生表现出的一些缺点，就剥夺学生接受教育的权利。教育的目的就是使学生更成熟，而不是完美。

二、激发学生的自我意识

自我意识是一个人对自己的认识和评价，包括对自己的心理倾向、个性心理特征和心理过程的认识与评价。人由于具有自我意识，所以能够控制自己的行为，自我意识影响着人的道德判断和个性的形成。在学习中，这种自我意识、自我监督、自我检查、自我调节和自我修正的认知，实质上是一种反馈活动，对学生学习成绩的提高有着重要的意义。在思想政治教育中运用心理学，目的就是激发学生的这种自我意识，促使其不断地自我发展、自我完善。具体来讲，教师可以使用以下方法：

（一）让学生知道“我”是谁

“人贵有自知之明”，全面、正确的自我认知是培养自我意识的基础。自我认知是从多角度建立的，既有自己对自己的认识与评价，又有他人对自己的评价。教师可以通过一些活动帮助学生正确地认识自己。

对自己的评价与认识可以通过“20个我是谁”、乔韩窗口理论和自我分析报告等进行，引导学生关注自己、剖析自己。在此基础上，让学生进一步思考，别人是怎么看待自己、评价自己的，通过“人际关系中的自我”等活动促使学生更加全面地认识自我。

1.20 个我是谁

连续让学生回答"我是谁",当学生说出一些众所周知的特征时,如"我是男人",教师要告诉大家,这种回答不反映个人特征,应尽量选择一些能反映个人风格的语句。然后教师让大家开始边思考,边回答"我是谁"这个问题,至少写出 20 个答案。当教师看到最后一位同学放下笔时,请小组成员在小组内交流,每个人都抱着理解他人的态度去认识小组内的人。最后教师请每个小组的代表发言,交流活动的感受。

2.乔韩窗口理论

乔韩窗口理论认为人对自己的认识是一个不断探索的过程,因为每个人的自我都有四部分:公开的自我、盲目的自我、秘密的自我和未知的自我。教师就是要创造机会和条件让学生展现自我,通过他人的反馈,了解自己的另外一面,即自己没有察觉,同时不易被自己接纳的一面。而心理咨询中的团体咨询正好可以提供这个机会,使成员在轻松愉快的氛围中,毫不伪装地、真诚地表现自己,同时获得真诚的反馈,更全面、更深刻地认识自己。而团体咨询中的这些团体活动,可以应用到教学活动中,使心理教育的形式更加灵活,对学生的吸引力更强,对学生的帮助也更大。

3.自我分析报告

给每名学生发一张自我分析表,完成后与大家一起交流。填写的过程会反映出学生不同的心态。教师要特别注意:学生对哪一个人的看法最重视,为什么?最难填写的是什么?为什么有人填不出来?学生填的内容是正面的还是负面的?然后引导学生进行探索。这个活动可以使学生从多角度认识自我,有助于其全面认识自己。同时,也可以使学生在他人的鼓励下进行深入的自我探索。

(二)让学生明白"我就是我"

一个人只有在正确的自我认知的基础上,学会接纳自我,才能实现有效的自我控制。因此，学会自我接纳是关键所在。接纳自我首先要接纳自己、喜欢自己、欣赏自己、寻找自我的特点，在此基础上体验幸福感与满足感；其次是理智与客观地对待自己的长处与不足，冷静地看待得与失。教师的任务就是帮助学生发现自己的闪光点，让学生明白"我就是我"。

首先，教师应让学生明白每个人的生命都是有价值的。教师要引导学生认识到，人生路上，我们会无数次被逆境击倒，但无论发生什么，或将要发生什么，我们永远都有价值。教师要使学生明白，生命的价值取决于我们本身，每个人都是有价值的个体。

其次，教师应引导学生发现自己的优点。对学生，尤其是那些自卑的学生进行教育的关键，是让其发现自身的优点，并学会发挥自己的优势。很多自卑的学生之所以自卑，是因为他们的比较对象出了问题，他们总是用自己的缺点和别人的优点比，用自己的短处和别人的长处比，却从来不知道自己也有优点，也有长处，那就更谈不上接纳并且欣赏自己了。因此，针对这种情况，教师要通过一些教育辅导活动，让学生发现自己的优点，从而发挥自身的潜力，取得更大的进步。

（三）让学生关注自我成长

成长需要不断地自我反思。教师要让学生明白：自我体验永远是个体的，当我们在分享他人成长的硕果时，也在促使自己成长。

综上可知，在开展大学生心理健康教育的过程中，教师要充分尊重学生的个性，建立良好的师生关系，开展多姿多彩的课内外活动，努力激发学生的自我意识，以此来不断提高大学生心理健康教育的有效性。

第五章　大学生心理健康教育的发展策略

第一节　构建和谐文明的校园环境

　　和谐文明的校园环境是校园文化建设的重要内容，也是影响大学生心理健康教育发展的重要条件。和谐文明的校园环境，能使学生自觉地严格要求自己，提高学生的心理调节能力，使人与人之间保持和谐的人际关系，有利于学生之间加强沟通，相互帮助，有利于学生保持一个平和的心态。

　　和谐，是人类孜孜以求的理想社会状态。社会由众多单元组成，只有各个小单元和谐，社会整体才能和谐。教育工作者必须紧紧围绕"以加快发展推进和谐，以先进文化孕育和谐，以民主法制和平安创建保障和谐，以环境建设促进和谐，以先进性建设引领和谐"的理念，认真思考如何建设好和谐校园。

一、组建团结的学校领导班子是关键

　　在和谐校园的构建中，教师是根本，班子是关键。学校的领导班子是学校各项工作的设计者、组织者和带头人。只有在学校领导班子的正确领导下，全校师生和员工才能团结一致，形成最大的合力。因此，抓好包括校级领导和中层干部在内的学校领导班子建设，就成了创建和谐校园的关键。

校长是领导班子的"班长"，是创建和谐校园的核心。从某种意义上说，有什么样的校长，就有什么样的学校。一位好的校长可以带出一所好的学校。"领导学校，首先是教育思想上的领导，其次才是行政上的领导。"这样的教育思想应贯穿于校长的学校管理过程中。校长要淡化权力意识，既要发挥集体领导的方向性、引领性作用；又要分层管理，权责到人，充分发挥每名成员的聪明才智，使班子的整体效能最大化。校长要充分开发和利用学校的优势资源，明确学校的办学思想、办学目的和培养目标，使学校成为培养全面发展的人才的阵地。

学校还应根据实际发展的需要，建立健全管理机制。领导班子要思想统一，目标一致，团结协作，职责分明，维持正常的教育教学秩序，共同构建和谐校园。

二、建设高素质的师资队伍是根本

教师是学校教育教学工作的实施者，是创建和谐校园的主体力量。因此，加强教师队伍的建设是和谐校园得以实现的根本。学校要以教师发展为本，制定能够促进教师专业能力提高的中、长期目标。学校必须从教职工的长远发展出发，鼓励教师参加各类进修和业务培训，为教师提供学习的空间、发展的空间、创新的空间，激发教师的潜能。学校要辩证地看待教师的工作，承认教师的客观差异；要以尊重人、激励人、关爱人、发展人为前提，为每个教师的智慧和才能的发挥创造机会和条件，营造平等、融洽、和谐的环境，创设民主、积极向上的工作氛围。同时，要让教师参与学校的决策与管理，不以行政命令压抑教师的个性，让教师的精神和人格得到自由发展。在教学活动中，高校要给教师充分的自主权，鼓励教师构建自己的教育理念。支持教师进行教学改革实验，形成自己的教学风格，让教师时时刻刻感到自己是学校的主人，使教师的职业意识、教育理念、教学风格、价值取向等与校园文化协调一致。任何一所学校，都必须通过全体教师的共同努力，才能完成教书育人的重任。因此，学校应大力提倡同心同德、团结协作的精神，要注意让教职工在宽容、公平和公正的和谐氛围中竞争，培养教职工的团队意识，从而增强教学效果。此外，学校在制定考核制度时应加以正确引导，对部分教师过分重视各类教学竞赛、过分重视个人荣誉的心理要予以纠正。学校要使教师认识到教师之间团结合作是搞好工作的关键，只有真诚地合作才能出成绩。教师只有充分认识到集体的兴衰荣辱都关系到自己的切身利益，关系到莘莘学子的未来发展，才能更好地发挥自己在教学活动中的引领作用。

三、促进人的全面发展是核心

要创建和谐校园，学校领导必须转变观念，以人为本。学校领导应彻底改变单靠行政指令要求教师完成教学任务的做法，应把各种任务、要求和教师的利益、发展的需要结合起来，营造融洽、和谐的校园环境。目前，大多数的高校管理关注的是教学工作的结果，注重学校管理的效率，出现了对教师和学生的忽视，对人的创造潜能的忽视。管理的核心是管"人"，人是具有主观能动性的，如果过分强调制度，势必会产生人际关系紧张、气氛压抑的局面。因此，学校管理应体现人文精神，要充分尊重人、相信人，让每个人都感到自己的重要性；要通过沟通、换位思考、开展丰富多彩的校园活动、情感交流等多种方式，努力构建和谐的学校管理模式。教师的主人翁意识增强了，会自觉地把个人发展和学校发展紧密地结合在一起。

四、建立新型的师生、生生关系是重要内容

建立和谐的师生关系，是开展教育活动的前提。高校要努力在教师与学生之间建立起以民主、平等、和谐为基本特征的新型师生关系；积极营造民主、

和谐的学习氛围。师生之间应该是相互交流、相互启发、相互补充的关系，教师和学生要分享彼此的教学及学习经验，实现教学相长。这就意味着师生关系要向着平等、合作、尊重的方向发展。教师只有在与学生的交流过程中理解学生、尊重学生，才能建立一种互相信任、和谐共处的良好的师生关系。

同学之间应建立起相互尊重、相互激励、相互学习的新型同学关系。学生在学校中度过的时间是比较长的，只有与周围的同学建立良好的关系，才能产生安全感和归属感。由于每个学生的生活经历、爱好、个性不同，他们对同一件事的看法也不同，而看法一致的学生便容易形成小群体，对班集体产生一定的影响。这种现象若不加以引导，往往会产生摩擦，破坏学生之间的关系。因此，教师要及时发挥引导作用，指导学生之间形成和谐的人际关系。同时，教师要注意自己的情感变化，要以积极的工作态度去感染、鞭策和激励学生，与学生平等、友好地相处，化解生生之间、师生之间的矛盾，为学生创建和谐的成长环境。在提升科学文化素质的同时，通过各种有趣的活动，使学生的思想道德素质、心理素质、身体素质、专业素养等都得到全面提升；使学生在活动中互相学习，互相帮助，团结友爱，形成和谐的同学关系。

第二节　重视思想政治教育工作

大学生心理健康教育作为一种育人手段，在我国只有几十年的历史。在20世纪80年代，没有人意识到心理健康教育与思想政治教育会有关联，因为心理健康教育强调价值中立，与思想政治教育完全是互不相干的两个领域。到了20世纪90年代，有人提出心理健康教育应该成为思想政治教育的一部分，这种观点引起了激烈的争论。然而，在心理健康教育的实践中，人们逐渐认识到二者的本质是一样的，最终的目标也是一致的。

一、大学生思想政治教育与心理健康教育相辅相成

思想政治教育离不开学生健康的心理状态。大学生心理健康教育通过调动大学生的情感因素，促进其道德品质的形成与价值观念的内化，增强德育的实效性，提升德育效果。因此，心理健康教育既可以为有效实施思想政治教育提供心理条件，也是大学生思想政治教育内容的合理扩展和延伸。

大学生思想政治教育的最终目的是通过提高大学生的思想道德素质，帮助大学生树立正确的世界观、人生观和价值观。心理健康教育的最终目标是培养学生健全的"人格"。具有远大理想和高尚追求的学生，往往具备较强的自我认知能力和较强的辨别能力，会以顽强的毅力和积极的态度自觉调节自己的情绪，培养健全人格。如果一个大学生没有良好的道德品质，没有伟大的理想抱负，没有爱国之心和服务他人的意识，就很难成为一个人格健全的人。从这一点来讲，心理健康教育应该建立在思想政治教育的基础上，有效促进大学生的心理健康。

思想与心理的形成过程具有统一性。心理是人脑的机能，是客观事物在人脑中的主观反映。思想也有着相同的本质，是客观存在反映在人的头脑中，经过思维加工而产生的。思想对心理起决定作用，支配心理活动的方向；心理对思想有反作用，思想的发展变化受心理因素的影响和制约。思想和心理的密切联系，决定了大学生思想政治教育与心理健康教育具有内在的、深层次的一致性。因此，只有建立在符合大学生心理发展规律基础上的思想政治教育，才能深入人心；而心理健康教育只有建立在思想政治教育的基础上，才能真正成为人格完善的手段、途径和方法。

二、重视思想政治教育，加快两者融合

思想政治教育与心理健康教育宏观层面的一致性，决定了二者在微观层面是可以相互借鉴的。近年来，广大思想政治教育工作者与心理健康教育工作者已经做了大量的探索，取得了可喜的成就，使心理健康教育这一全新的育人手段展现出新的活力。

（一）实施体制融合

经过几十年的发展完善，我国大学生思想政治教育已经形成较为健全的体制。上层有学校党委，中层有学生工作处、校团委、宣传部，基层有各系部党支部、团支部。这套体制保证了学校思想政治教育工作的有效开展。在大学生心理健康教育发展初期，不少人主张大学生心理健康教育应该完全游离于思想政治教育之外，走一条独立发展的道路。然而，二者之间内在的一致性，使大学生心理健康教育事实上与思想政治教育存在着千丝万缕的联系。十多年的理论研究和实践探索表明，心理健康教育工作完全可以在现有的思想政治教育体制下良性运行。

按照教育部的要求，每所高校都要成立大学生心理健康教育工作领导小组。可以参与小组的职能部门有很多，各高校可根据本校的实际情况合理组合，并不一定要有统一的形式。学生工作处、团委、宣传部、教务处、校医院等部门，都可以被纳入小组中。这种体制完全是建立在学校已有资源的基础之上，调动了学校各方面的力量，共同推动大学生心理健康教育的本土化。

（二）工作人员融合

心理健康教师必须具备良好的专业素养才能完成教学目标。但是，这并不意味着心理健康教育是一项高不可攀、只有少数人才能从事的工作。在开展大学生心理健康教育工作初期，专业的心理健康教师很少，远远不能满足学生的

需求。一些思想政治教师尝试从事心理健康教育工作时,出现了一些反对意见,有人认为思想政治教师不合适做心理健康教师。但是,经过不断的学习和摸索,许多思想政治教师都出色地完成了心理健康教育工作,受到了学生的好评。

事实上,思想政治教师有丰富的教学经验,更容易理解和掌握心理健康教育的理论和实践方法。近年来,经过各级教育主管部门有计划、有组织的系统培训,已有大批的思想政治教师成功转型,加入心理健康教育队伍,成为大学生心理健康教育队伍的重要组成部分,解决了心理健康教师人数较少的问题。特别是辅导员,他们出色地完成了大学生心理健康教育工作,受到了学生的欢迎。

（三）理念方法融合

部分思想政治教师工作效率不高,其根本原因是教育观念偏于功利化,忽视人存在的意义和价值;在指导思想上,忽视了学生在教学工作中的主体作用;不能对大学生思想政治工作的特殊要求进行科学分析。一些大学生心理健康教育工作者,也常常在工作中出现困惑,心理测试很正常的学生,却表现得极端自我、漠视他人和社会,反复引导仍没有改善。这主要是由于大学生心理健康教育工作者过于强调教育过程中的"价值中立",认为心理问题与人的价值观无关。但实际上,每个人的行为背后都有着自身的价值体系;价值体系出现了偏差,仅仅纠正行为是不会取得良好效果的。

大学生思想政治教育和心理健康教育在理念方面的相互借鉴,有助于提高二者的实效性。思想政治教师应更新观念,充分尊重学生在教学活动中的主体地位,少一点儿说教和灌输,多一点儿心理健康教育,为有效实施思想政治教育打下良好的基础。可以从心理健康教育中借鉴一些方法作为思想政治教育工作的新途径,来提高思想政治教育工作的成效。比如,借助心理测验及其他测评工具来客观了解学生的个性特征,使思想政治教育更有针对性;也可以采用会谈、角色扮演、沟通分析等心理辅导中常用的方法,以减少思想政治教育工作的阻力,从而为学生接受教育,实现道德内化提供方法上的支持。另一方面,心理健康教育应依靠思想政治教育为自己明确方向，并借助思想政治教育进行实践，拓展自身的操作途径。心理健康教师要主动地在心理健康教育实践中渗透正确的世界观、人生观和价值观，为学生的心理健康发展打下坚实的基础。

大学生心理健康教育与思想政治教育的融合是大学生心理健康教育本土化的成功体现。在此经验的基础上，进一步探索正确认识和处理大学生心理健康教育与中国高等教育改革、大学生心理健康教育与中国传统文化的关系，将会使我国大学生心理健康教育实现真正意义上的本土化，促进我国大学生心理健康教育的进一步发展。

第三节　提高大学生心理咨询服务的质量

学校心理咨询指教师运用心理学的原理与方法，对在校大学生的学习、生活、发展、择业等问题给予直接或间接的指导和帮助，并对有心理障碍或轻微精神疾病的学生进行诊断和治疗。学校心理咨询是当前高校对在校大学生进行心理教育、引导的普遍方式和手段。

学校开设心理咨询的目的是提高学生的心理素质，最终目标是促进学生的身心健康发展。学校心理咨询是帮助学生开发自身潜能、促进学生成长发展的教育活动；以积极的人的发展观为理念，以学生的成长、发展为中心，以"他助—互助—自助"为机制。学校心理咨询是以咨询心理学为主的多学科综合的教育方法与技术。它不是一种指示性的说教，而是耐心细致的聆听和引导。

一、大学生心理咨询的意义

1.解决大学生的心理问题

就个体发展而言，大学生正处在个体逐步走向成熟，走向独立的阶段。这一时期，大学生的世界观和人生观尚未成熟，其心理、情绪波动较大。面对生活、环境、人生、理想、现实等种种问题，许多大学生因处理不当而陷入痛苦、焦虑、失望和困惑之中，有的甚至出现言行过激的情况。心理问题和心理疾病已成为困扰大学生学习和生活的大问题，如果不能得到及时解决，就会严重影响大学生的身心发展。

2.提高大学生的心理素质

目前，国外许多企业在招聘职员时，会利用专门的心理测试选拔有潜力的员工，运动员在参加重大体育比赛之前，会有心理医生对其进行特殊的训练，帮助他们缓解心理压力，建立战胜对手的信心。由此可见，心理咨询除了可以治疗心理疾病以外，还有一个更为重要的作用，即能帮助人们提高心理素质，激发人的潜能。

现今，大学生多半是从学校进入学校，没有经历过社会的磨炼，也没有遇到过什么挫折和打击，生活可谓"一帆风顺"。因此，他们抗挫折的能力相对较差，对自身的认识也相对不足。高校心理咨询人员不应仅限于解决学生的心理问题，治疗学生的心理疾病这一层面上，而应主动地对大学生进行心理学、心理卫生和心理健康等有关知识的传授，加强大学生的心理素质训练，使他们了解心理活动的一般规律和特点，懂得心理健康对成长的意义，更好地理解自我与他人、自我与社会的关系，学会运用心理学的方法进行自我调节，保持心态平和，提高心理素质，使身心得到健康发展，更加了解自己适合做什么，能够做什么，如何促进个人潜能的发挥等。如此，心理咨询才能发挥它应有的作用。

现代社会，人们越来越重视素质教育，对个人素质的要求也越来越高。但是，由于过去更多地注重对大学生的身体素质和智力的培养，忽视了对心理素质的培养，导致许多大学生的潜能没有得到充分的发掘。因此，高校心理咨询更为重要的一项功能就是帮助大学生提高心理素质，挖掘个人的潜能，以便充分发挥能力。

第三，大学生心理咨询是新时期高校德育的新任务、新内容和新途径。大学生的心理问题很多时候是与思想问题交织在一起的，要从根本上解决这些心理问题，就必须接受科学的人生观、价值观和道德观的指导。从高校心理咨询工作者本身来看，咨询师的人生观、价值观和道德观也会对学生起到示范的作用。心理咨询在解决大学生的心理问题，预防和治疗大学生的心理疾病，提高大学生的心理素质和挖掘大学生的潜能等方面，有着其他学科无法代替的作用。

二、大学生心理咨询的特点

大学生是一个特殊的社会群体，不同于中小学生，他们当中的绝大多数人是离开家庭和父母，从四面八方来到大学校园，集中居住在宿舍，过着集体生活的。因此，在接受心理教育和寻求心理咨询时也表现出与中小学生不同的心理倾向，大学生心理咨询主要有以下几个特点：

第一，大学生有心理障碍时，可能自己意识不到，或即使知道也不寻求帮助。由于心理咨询工作在我国开展的时间并不长，多数学生对心理咨询的意义认识不够，甚至产生错误的认识，认为自己的心理十分健康，没有疾病，不需要进行心理咨询。他们没有意识到心理障碍在每个人的身上，在每个活动领域中都可能出现；不知道由学习中的困扰、考试时的焦虑、人际关系的不和谐造成的烦恼等，都可以通过心理咨询获得帮助与指导，因此对校园中的心理咨询不感兴趣，认为心理咨询离自己十分遥远，参与感较弱。

第二，大学生希望获得他人的帮助，愿意与人沟通，但不知怎样面对咨询。由于大学生的社会交往机会不多，所以许多大学生很希望通过咨询活动与人沟通，解开心结。但又因其自尊心较强，不愿意暴露隐私，因此不知怎样进行咨询。例如，常有学生来到心理咨询室，交流时闪烁其词，不知所云，不正面回答问题，顾左右而言他。咨询师若不能深入细致地引导，拉近彼此的心理距离，便很难了解他们的真实想法和咨询目的，不仅会导致心理咨询无法产生预期的效果，还会加剧学生心理上的孤独感。

第三，大学生希望参加咨询活动，却又难以承受群体的压力和同伴的讥笑。由于大学生生活在特定的集体环境之中，大多喜欢结伴而行，因此其行为常带有明显的从众性。当整个社会以及他们所在的群体对心理咨询认识尚不明确，看法尚有偏见时，有咨询需求的学生要前来咨询时，必定会承担着一定的压力。诸如："你有精神病吗？为什么要去做心理咨询？""心理咨询是不正常的人才需要做的。"等言论常常会影响前来咨询的学生的心态和行为，使得希望进行心理咨询的学生顾虑重重。

第四，大学生有一定的自我调节能力，但更希望得到咨询师的帮助和指导。根据心理咨询的自助性原则，咨询应该激发、提高前来咨询的学生的自我调节能力，使其找到解决问题的最佳方案和最优的发展之路，一般不主张给学生以明确的指示和结论。但大学生心理咨询却不一定如此。大学生虽然已具备了一定的心理调节能力，但距完全靠自己的力量走出心理阴影还有一定距离。因此，每一个来访者对与之交谈的咨询师都抱有很大的期望，谈话要求也十分具体。如果咨询师把握不好分寸，或没有达到来访者的要求，不能使来访者满意，就可能动摇来访者对心理咨询的信心。

在心理咨询的过程中，咨询师要针对学生所处环境的特点、情绪和心态等使用适当的咨询方式，使心理咨询活动为学生所理解和接受，进而真正发挥心理咨询应有的作用。

三、目前大学生心理咨询的常见误区

（一）把心理咨询师当作"救命稻草"

一些大学生把心理咨询师当作"救命稻草"，将自己的所有心理"包袱"丢给咨询师，认为咨询师应该有能力把它们一一解开，而自己无需思考、无需努力、无需承担责任。然而，事实上，心理咨询师只能起到引导、启发、促进大学生改变行为的作用，其无权把自己的价值观和愿望强加给大学生，更不能替大学生做出改变或决定。真正的"救命稻草"只有一个，那就是自己。只有改变自己、战胜自己，最终才能超越自我、实现理想。

（二）把心理咨询当作"思想工作"

心理咨询有着严谨的理论和诊疗程序，它与思想工作是有本质区别的。思想工作的目的是说服对方服从并遵循社会规范、道德标准及集体意志；心理咨询则是运用专门的理论和技巧寻找心理障碍的症结，予以诊断和治疗。咨询师持客观、中立的态度，而不是对大学生进行批评教育。另外，某些心理障碍需要同时结合药物进行治疗，这更是思想工作所不能取代的。

（三）把心理问题当作精神疾病

心理咨询在我国是一门起步较晚的新兴学科，它对人们来说有一种神秘感。大学生通常都是左顾右盼，鼓足了勇气才走进心理咨询室，在咨询师的反复保证下，才肯倾吐心声；或是绕了很大圈子，才把真实的情绪暴露出来。因为在许多人眼里，接受心理咨询的人很可能患有精神疾病，或者有不可告人的秘密，或者道德品质方面有问题，甚至有人认为表露出情感上的痛苦是软弱无能的表现。以上种种原因，使得很多大学生宁愿饱受精神上的痛苦折磨，也不愿或不敢到心理咨询室进行咨询。

其实，心理问题与精神疾病是两个不同的概念。每个人在成长的不同阶段及生活工作的不同方面，都有可能遇到这样或那样的问题，从而出现消极情绪。如果不能对这些问题进行及时、正确的处理，则会产生持续的不良影响，甚至导致心理障碍。这样看来，心理问题是人们在日常生活中经常会遇到的问题，针对这些问题求助于心理咨询师并不意味着患有精神疾病，相反，这表明个体具有较高的生活目标，希望通过心理咨询更好地完善自我，而不是回避和否认问题，虚度一生。

（四）认为心理咨询无所不能

一些走进心理咨询室的大学生将心理咨询师视为"开锁匠"，期盼其能打开自己所有的心结，所以常常求诊一两次，没有达到其所希望的"豁然开朗"的心境，就对心理咨询师大失所望。实际上，心理咨询是一个连续、艰难的改变过程，大学生的心理问题与其个性及生活经历有关。如果大学生没有强烈的求助和改变的意愿，没有决心，是难以快速解决自身的心理问题的。

正所谓"心病还需心药医"，心理咨询是心理障碍预防和治疗的一种措施，是心理教育的重要组成部分。咨询师与大学生的持续接触，可以帮助大学生在认知、情感和态度方面有所改善，解决其在学习、工作、生活等方面出现的心理问题，从而使其更好地适应环境，保持身心健康。因此，高校有必要建立心理咨询机构，配备受过专业训练的心理咨询人员开展心理咨询活动。可以针对不同的大学生进行个别咨询，也可以根据大学生表现的一致性开展团体咨询。实践证明，心理咨询是一种很有效的心理教育方式，也是深受学生欢迎的一种心理教育方式。

第四节　调整心理健康教育的教学策略

一、大学生心理健康教育现状

大学生心理健康教育的现状并不乐观。部分院校对大学生心理健康教育的重要性认识不到位，还未将大学生心理健康教育作为学生工作的重要组成部分纳入议事日程，领导体制与工作机制不健全。部分高校虽然建立了心理健康教育机构，开展了心理咨询辅导工作，但心理健康教育活动形式单一，针对性不强，宣传力度不够，没有积极组织大学生开展心理健康宣传活动，更未能形成教育与自我教育、课内与课外相结合的心理健康教育模式，部分高校的大学生心理健康教育机构甚至没有经费支持。由此可以看出，大学生心理健康教育还没有得到足够重视，大学生的心理健康教育工作存在着一些不容忽视的问题。因此，构建多层次、全方位的，能与大学生的身心发展规律和特点相适应的规范化、机制化的心理健康教育模式，是新形势下维护和促进大学生的心理健康，全面提高其心理素质的迫切需要。

二、大学生心理健康教育的改革策略

大学生心理健康教育无论是作为一项事业，还是作为一个科研领域，都具有无限发展的性质，不会永远停留在一个水平上。随着国际、国内客观环境的变化，人们思想观念的改变，以及东西方文化的碰撞与融合，大学生的思想意识、价值观念及心理健康状况也不断变化着。引起这种变化的原因是多方面的，既有宏观因素，也有微观因素；既有主观因素，也有客观因素；既有积极因素，也有消极因素。

（一）加强理念研究工作

只有先进的理念才能指导大学生心理健康教育。因此，进一步借鉴国外先进的大学生心理健康教育理念，并结合我国实际情况，形成适合当代大学生心理健康教育的新理念，是大学生心理健康教育的重要任务。

（二）加强教材建设及课程教学方法研究工作

目前，大学生心理健康教育的教材尚有不够完善的地方，需要根据我国大学生的实际情况，认真总结我国大学生心理健康教育的实践经验，按照新的要求、新的思路和新的标准修订教材。要编制图文并茂，既有理论指导又有实际案例，同时又深受学生欢迎的心理健康教育教材。此外，还要加大对大学生心理健康教育课程教学方法的研究力度，既要做到全面系统，又要做到因材施教。

（三）加强队伍建设研究工作

鉴于心理健康教育的教师队伍和辅导员队伍仅有相对的稳定性，就总体而言，始终处于新老交替的动态变化之中，因此，对这两支队伍的培训工作不可能是一劳永逸的，需要进一步从规范化和制度化的角度加以研究。

（四）加强对不同模式的研究

高校要注意根据大学生的心理特点制订心理健康教育课程教学计划，安排合理的课时数。在授课过程中，要适当引入实际案例，并进行讲解剖析，注重理论与实践相结合，注意调动学生的学习兴趣，加深学生对心理健康的理解和认识。让学生在情境中体验，在活动中领悟，注重培养学生积极、健康的心态，进而提高心理健康教育的教学效率。

心理健康教育包括发展性教育和补救性教育。发展性教育主要是有目的、有计划地对学生的心理素质与心理健康进行培养，不断优化学生的心理素质。补救性教育则主要是对心理处于不良状态或心理出现问题的学生提供专门的帮助，使之恢复正常状态。发展性教育主要面对正常发展的学生，是提高性的；补救性教育则主要面对心理出现问题的学生，是矫正性的。

针对大学生心理健康教育模式的各个组成部分及其运行机制，高校尚需建立必要的规章制度，使其更加规范，促使大学生心理健康教育高质量发展。

（五）全员参与

大学生心理健康教育不是孤立存在的，而是一项多角度、全方位的系统工程，需要各院校相互配合，深入研究。特别是大学生"三观"的形成，仅靠德育工作者和心理健康教育教师是不够的，只有广大教师结合各科教学的实际情况，形成全员参与的机制，才能发挥心理健康教育的作用。

（六）强化高校间的研究与合作，提高大学生心理健康整体水平

大学生心理健康教育有自身的特点，和普通教育教学也有许多共同点，需要教育工作者研究与探索。要加强高校间的交流与合作，营造良好的研究氛围，使大学生心理健康教育水平得到整体提高。

三、促进大学生心理健康教育的方法

（一）利用一切资源宣传心理健康知识

如果大学生面临的心理压力过大，就有可能导致校园暴力、酗酒、赌博等不良行为出现，因此，加强大学生心理健康教育刻不容缓。虽然目前越来越多的人都逐渐意识到了心理健康对于一个人全面发展的重要意义，但许多人对如何减轻心理压力，缓解不良情绪等心理健康知识知之甚少，尤其是大学生。因

此,在对大学生进行心理健康教育时,应利用一切资源大力宣传心理健康知识。

1.校园网络

利用学校网络开设专门进行大学生心理问题咨询的网页。网页可以按照心理问题的类型进行分类,如学业问题、情感问题、就业问题、人际交往问题等。每个类别下都安排专业的心理咨询人员对学生的心理问题进行在线解答,通过网络的形式宣传心理健康知识。

2.专家讲座

高校可以定期邀请心理学专家来校开展心理学讲座,介绍、宣传关于心理健康的知识、进行自我心理调节的方法等。专家讲座可以让学生尽可能多地认识自己面临的心理问题,并积极通过咨询、自我调节等措施减轻心理负担。

(二)发挥课堂教学在心理健康教育中的重要作用

课堂是教师对大学生进行心理健康教育的主要场所,只有充分利用教学活动向学生传授心理健康相关知识,并通过课堂上教师的实际行动改善学生的心理状况,才能够真正促进大学生的心理健康发展。

1.将心理健康教育与思想政治教育相结合

在教学上,应将心理健康教育和思想政治教育结合起来,充分发挥二者的优势。一方面,教师应在心理健康教育过程中融入思想政治教育的内容,有针对性地对大学生进行世界观、人生观、价值观的教育,培养学生积极向上的人生态度,为其形成良好的心理素质打下坚实的基础;另一方面,在开展思想政治教学时,应避免单纯地讲解枯燥的政治知识,要善于利用心理辅导、心理咨询等方式增加思想政治教育的趣味性,使学生乐于学习。

2.教学内容贴近学生实际,提高学生学习的积极性

心理健康教育的内容应围绕大学生容易出现的心理问题展开,有针对性地对学生进行心理健康知识的讲解和心理辅导。大学生心理问题的复杂性,要求教师根据学生实际不断调整教学内容;尊重学生的个体差异,不断提高心理健

康教育的实际效果,真正做到促进学生心理健康发展。

3.改革教学评价机制,提高教学效率

目前,许多高校将心理健康教育作为选修课设置,课程评价方式往往是写一篇小论文即可。评价方式过于随意,教师的不重视直接导致学生对心理健康教育的不重视。因此,在今后的心理健康教育中,应逐步改革以分数为主的评价机制,对心理健康课程的考核应该采取多种方式相结合的方法,侧重于考查学生应用心理健康知识分析并解决具体问题的能力;识记性的基础知识则不应成为考核的重点。只有这样,才能不断提高教师和学生对心理健康教育的重视程度。

第五节 建立健全大学生心理健康教育档案

建立大学生心理健康教育档案,是加强高校心理健康教育工作,实现教育现代化的前提条件和必要保障。它有助于高校确立具体的、有针对性的心理健康教育的目标、内容、方法与途径,有助于高校开展心理健康教育。大学生心理健康教育档案,是大学生身心健康发展的动态监测手段,可以为高校心理健康教育工作提供操作指南,可以提高教师的决策水平,可以为高校的宏观管理提供决策依据。大学生心理健康教育档案的建立是一项具有很强的科学性、专业性和技术性的工作。心理健康教育工作者只有在了解大学生心理健康教育档案的含义,掌握其建立的原则和一般程序,以及使用和管理的原则的基础上,才能建立起科学的、实用的大学生心理健康教育档案,才能正确使用与管理好大学生心理健康教育档案。

一、大学生心理健康教育档案的概念

大学生心理健康教育档案有狭义和广义之分。狭义的大学生心理健康教育档案，是指对个体的心理发展变化特点、心理测验结果、学校心理咨询与辅导记录等材料的集中保存。这些资料按照一定的顺序排列，组成一个有内在联系的体系，如实反映大学生的心理状态。它是学校为了更好地开展心理健康教育工作，为每个大学生在心理健康方面建立起来的档案材料。而广义的大学生心理健康教育档案，还包括高校心理健康教育活动的有关资料，如高校心理健康教育的计划、课程设置、活动安排、教研活动、研究课题及成果、效果评估和管理工作等的记录。理解狭义的大学生心理健康教育档案要把握以下几点：

第一，大学生心理健康教育档案是专门档案，是在高校心理辅导教师的负责下建立起来的。大学生心理健康教育档案应有健全的管理制度，并有专门的教师负责。如果没有专业教师的参与，大学生心理健康教育档案的建立可能会失去科学性、客观性、全面性和实用性。

第二，大学生心理健康教育档案是有关大学生心理变化特点及有关咨询和辅导的记录，而不是指学籍档案。大学生的学业成绩、体能测试、操行评语、奖惩记录等都是学籍档案，它可以向教师、家长及学生公开；而心理健康教育档案更具隐私性，主要是为心理健康教育工作服务，除经本人同意和特殊情况外，教师、家长，甚至相关政府部门也不能随意查阅。因此，对大学生心理健康教育档案的管理应更加严格和规范。

第三，大学生心理健康教育档案是大学生心理变化特点的真实记录。从幼儿期、儿童期到青少年时期，人在每个时期都有不同的心理特点及心理冲突。任何人不能依照自己的观点去增加或删改档案的内容，应保持心理健康教育档案的原始性和真实性。

第四，建立大学生心理健康档案的根本目的是更好地教育和培养大学生。

二、建立大学生心理健康教育档案的意义

大学生心理健康档案既是高校开展心理健康教育工作的必要依据，又是大学生接受心理健康教育后的原始记录。它将为心理科学的研究提供大量客观的第一手材料；对于高校教育科学化具有十分重要的意义。

（一）为高校的科学管理提供心理学依据

通过建立大学生心理健康教育档案，高校能及时准确地掌握和了解全校大学生的心理发展规律、特点和现状，从而为学校的科学管理提供心理学依据。建立大学生心理健康教育档案，首先，可以为学校的分班教学、个别化教学提供前提条件；其次，可以为特殊学生提供鉴别和培养的措施；再次，通过心理健康教育档案所反映出来的大学生兴趣爱好等信息，可以为丰富课外活动，满足大学生的心理需求提供决策依据；最后，还能从整体上评价一所学校的教育水平，提供一套科学的评估系统等。

（二）有助于完善教学工作，提高教学质量

要了解大学生、分析大学生、帮助和教育大学生，就必须掌握大学生心理发展的规律。建立大学生心理健康教育档案，可以帮助教师了解大学生的个性，使教师在教育教学工作中有的放矢，减少盲目性，提高针对性，从而提高教学质量。建立大学生心理健康教育档案，为心理健康教育提供了依据和信息，也为教师了解大学生节省了时间，提高了工作效率。

（三）有助于高校开展心理健康教育工作

通过大学生心理健康档案，高校可以及时了解大学生的心理发展状况，有利于对大学生的心理问题做出正确的分析和诊断，从而采取有效措施进行心理辅导、心理咨询和心理治疗，有效地帮助大学生，保证高校心理健康教育工作

的正常开展。

三、建立大学生心理健康教育档案的原则

（一）科学性原则

科学性原则，即实事求是原则，是指在心理健康教育档案建立的过程中要尊重大学生的客观心理事实，要有科学、严肃的态度。首先，在测评工具的选择上要有科学性，要选择标准化心理测验，有较高的信度和效度；其次，施测时必须遵循严格的操作程序；最后，对建档过程中所获得的结果或信息，要实事求是地描述，要以科学慎重的态度来解释，并结合大学生的实际表现进行分析和归纳。

（二）系统性原则

系统性原则，即整体性原则，是指系统地、多方面地搜集大学生的各种信息，对大学生的心理状况进行全面检查和系统分析，以便从整体上把握大学生的心理特征。由于大学生对某一刺激的反映受时间、环境、主体状况等多种因素的影响和制约，因此，在建立大学生心理健康教育档案时必须坚持系统性原则。

（三）发展性原则

发展性原则，即动态性原则，是指心理健康教育工作者要以发展变化的观点看待大学生，以积极的态度指导和帮助大学生，把心理健康教育档案建设成一个动态的档案。由于大学生正处在迅速成长的时期，其心理发展尚未成熟，随着大学生心理的发展，之前了解到的大学生心理状况已经不能准确地反映现在的心理特点，因此，在建立大学生心理健康教育档案的过程中要坚持发展性原则。

（四）保密性原则

保密性原则是指心理健康教育工作者要对大学生心理健康教育档案的内容做到绝对保密，不得随意将心理健康教育档案的内容告知他人，这是建档工作的道德性准则。心理健康教育档案中有些内容涉及大学生（或家长）的个人隐私，有些带有心理暗示效应，有些涉及人际关系，有些是大学生心理问题或心理障碍的记录，部分内容一旦公开，可能会伤害大学生的自尊心。因此，只要是大学生不愿意公开的、不利于大学生心理健康发展的和违反心理咨询工作原则的档案内容必须严格保密，不能给学校领导、教师、家长或其他人阅读或评价。当然，心理健康教育档案内容的保密也应有层次性，部分心理健康教育档案的内容，如大学生的学习兴趣、学习动机和学习习惯等，就没有必要严格保密。

（五）教育性原则

教育性原则是指在建立心理健康教育档案时，要有利于提高高校的教育质量、教学水平和管理水平，有利于大学生心理健康发展，要为实现高校的教育目标服务。为此，应把建立心理健康教育档案看作整个教育工作中的一个重要环节，要从教育和预防的角度开展这项工作；不能用心理健康教育档案的材料给大学生贴标签；要把提高大学生素质、培养合格人才作为建立心理健康教育档案的出发点。

（六）经济性原则

经济性原则，即最佳经济原则，是指在建立大学生心理健康教育档案的过程中，力求用最少的人力、物力、财力和时间，获得较好的效果。简言之，就是要以最少的投入建立起高质量的心理健康教育档案。

四、大学生心理健康教育档案的应用

（一）在学校管理中的应用

学校管理工作的一个主要环节，就是对大学生按照"减少个别差异的范围与程度"的原则进行"同质性"的分班。"同质性"的具体含义包括如下要素：

1.大学生当前的智力水平相当

知识基础和认知水平接近的大学生组成的班集体，有利于教师在教学中为大学生寻找相同的发展区域，满足大学生相同的学习需要。

2.大学生的性格类型比较接近

性格类型反差不大的大学生，对教师的授课方式、讲话方式与批评方式等的认同也基本一致，有利于教师采用相同的教学方式，达到比较理想的教学效果。

3.大学生的学习能力比较相近

学习能力不同的大学生，需要的激励方式不同。也就是说，教师在课堂教学过程中的主要教学行为、辅助教学行为和管理教学行为的时间、精力所占的比例均不相同。把学习能力相近大学生集中在一起，可便于教师进行管理。

（二）在班级管理中的应用

在我国大班教学的客观环境下，班级中大学生的个别差异是客观存在的。就算进行了各种形式的"同质性"分班，大学生的个体差异不可能完全消除。如何适应不同大学生的发展需要，使管理工作与教学工作更具有针对性，是每位教师需要认真研究的课题。

在班级管理中，教师只有认识到不同类型学生的不同学习习惯，才能制定行之有效的教学策略与措施，进而提高教育效率。

（三）在学科教学中的应用

在常规教学工作中，如果能科学合理地运用大学生心理健康教育档案，全面把握大学生的发展需求，才能制定出具有针对性的、客观科学的教学策略，为提高教学质量和教学效率提供必不可少的信息。

五、大学生心理健康教育档案的管理

高校对大学生心理健康教育档案必须加强管理，更好地发挥其作用。在大学生心理健康教育档案管理的过程中，高校必须注意以下几点：

第一，建立高校心理健康教育档案室，专门负责心理健康教育档案的建立、使用和管理工作。

第二，建立健全大学生心理健康教育档案管理制度，明确心理健康教育工作者的职责，心理健康教育工作者不能将大学生的心理健康教育档案随意外借。

第三，建立大学生心理健康教育档案计算机管理系统，提高心理健康教育档案的现代化管理水平。使用计算机来处理心理健康教育档案的材料，建立大学生心理健康教育档案管理系统，实现心理健康教育档案管理的信息化，不仅可以提高工作效率，还能够保证资料管理和分析的规范与准确，减少失误与差错，还可以从多种角度迅速得到相关资料，为心理健康教育工作提供有价值的信息。

第六章 大学生心理健康教育的创新研究

第一节 主观生活质量与大学生心理健康教育

一、主观生活质量的概念

主观生活质量指的是个人对重要的目标能否实现的主观评估。主观生活质量可以是对整个生活领域的全面性评估，也可以是对某一特定生活领域的质量评估。研究表明，大学生主观生活质量与个体自身的认知能力有关，同时，一些外在的环境因素也会对主观生活质量产生一定的影响。主观生活质量的相关研究给了高校心理健康教育工作很多启示，不断提高大学生的主观生活质量也成为高校心理健康教育工作者的工作目标之一。

在过去很长的一段时间里，高校心理健康教育工作者把工作重点放在了对学生心理问题与疾病的事后干预与治疗上。然而，只关注心理问题，只采取事后干预的做法，对学生日后的健康发展是很不利的。积极心理学认为，更有效的做法是在心理问题发生和发展之前，先培养学生自身的积极力量。自身的积极力量可使人能更好地适应多变的环境，降低心理疾病的发生率，也可以改善学生的学习表现，主观生活质量便是要努力发展的"自身的积极力量"之一。大学生的主观生活质量与他们的不良行为呈显著的负相关关系，可见高校在对学生进行心理健康教育时有必要关注学生的主观生活质量。

二、大学生主观生活质量的相关因素研究

目前，相关研究人员对大学生主观生活质量的研究还不够深入。通过查阅已有的文献资料，可把关于大学生主观生活质量的相关因素大致分为两类，即内部因素和外部因素。

（一）内部因素

大学生主观生活质量的相关研究显示，性别、年龄和社会经济地位不会显著影响大学生的主观生活质量，而大学生自身的人格特征等内部因素对主观生活质量的影响却十分明显。

部分研究者试图探索与大学生主观生活质量相关的认知因素，他们发现，大学生的归因方式是消极事件作用于主观生活质量的中介因素，具体来说，大学生在生活中经常经历消极事件，会使其倾向于将生活事件进行外控归因，而主观生活质量也会随之下降。

（二）外部因素

越来越多的研究证实，居住环境、文化背景、生活事件等外部因素与大学生主观生活质量有一定的关系。大学生的主观生活质量与其生活中积极和消极事件的出现频率相关，生活中的积极事件相较于生活中的消极事件能更大地影响大学生的主观生活质量。

家庭因素，如家庭教养方式、来自父母的支持、父母的婚姻状态、父母之间的关系等，都会影响大学生的主观生活质量。尽管良好的同伴关系与大学生的主观生活质量有一定的关系，但大学生的主观生活质量与家庭因素的相关程度更高。父母间的关系比自己的外貌和对学业的自我评价更能影响学生的主观

生活质量。

　　大学生的主观生活质量也与校园经历有关。大学生低水平的主观生活质量与他们对学校和教师的消极态度有关，对老师与学校怀有积极态度的学生，更能体验到较高的主观生活质量并表现出更多的社会期许。大学生的主观生活质量还与其参与课外活动（如体育运动、俱乐部活动等）的程度有关。

三、大学生主观生活质量研究对心理健康教育工作的启示

　　对大学生主观生活质量的相关研究给了高校心理健康教育工作很多启示。主观生活质量不仅是种结果变量，它也可以作为外部环境与大学生行为之间的中介变量发生作用。

　　因此，不断提高大学生的主观生活质量既是高校心理健康教育的最终目标之一，也是预防学生心理问题产生的有效手段之一。

（一）对心理评估方式的启示

　　高校传统的心理评估重在对心理疾病的严重程度进行评估，对大学生主观生活质量的研究为高校心理健康教育工作者提供了一个新的工作视角，高校心理健康教育工作者应考虑对学生自身积极力量与环境中的积极因素进行评估，其中就包括对学生主观生活质量的测量。对学生主观生活质量的日常测量能为高校心理健康教育工作提供重要信息，大学生主观生活质量量表作为筛选工具，对处于危机边缘的大学生能起到识别作用。已有研究表明，在各类学习问题与健康问题出现前，个体的主观生活质量都会有所下降，显然，主观生活质量量表可被作为一种快速诊断工具。因此，对学生进行主观生活质量的评估不仅能在学生的心理问题与不良行为的预防方面发挥作用，而且能为学生心理健康工作指明方向。

（二）对心理干预策略的启示

高校心理健康教育工作者以改变大学生人格特质为目标进行长期干预是比较困难的，而旨在提高大学生主观生活质量的干预策略更切实有效。这种心理干预可采取综合的方法，应体现学校、家庭和学生个人的共同努力。在学校，心理健康教育工作者可以采取短期的"认知—行为"疗法，改变学生的消极认知（如外控归因方式、低社会自我效能等），进而改变学生对人生的消极评价。与此同时，鼓励学生参与有意义的校内集体活动，培养学生解决问题的能力，让学生的个人努力对干预过程发挥积极作用。另外必须注意的是，家庭的支持对学生主观生活质量的提高有重要意义，若能对学生家长进行必要的培训，则会让干预过程更完整。

（三）对高校环境建设的启示

虽然主观生活质量是一种个人体验，但对它的研究已清楚地显示出生态因素的作用，可见，要改变学生的主观生活质量，不仅要改变学生个人，也要改造周围的环境。学生若对学校和教师持积极评价，则更能体验到较高的主观生活质量，倾向于表现出更多的期许。只关注改变个体自身而忽视改造周围环境的干预过程明显是有欠缺的。因此，高校心理健康教育工作者如能更多地关注学生对校园环境的体验，将有利于实现心理健康教育目标。高校应以提高学生的主观生活质量为着眼点，营造积极向上的校园氛围，如积极开展绿色校园建设，组织丰富有趣的学习活动，举办各种校园公益活动等，这对提高学生的主观生活质量是有帮助的。

目前，国内关于大学生主观生活质量的研究仍未全面展开，而国外关于大学生主观生活质量的研究已积累了一定的成果。研究表明，不断提高学生的主观生活质量既是高校心理健康教育的最终目标之一，也是预防学生产生心理问题的有效手段之一。高校心理健康教育工作者应从当前的研究中搜集有价值的信息，在高校心理健康教育的实践中自觉应用研究成果，对传统的高校心理健康教育进行必要的补充与改革，最终为实现高校心理健康教育目标服务。

第二节　音乐教育与大学生心理健康教育

随着物质生活水平的提高，大学生更需要心灵上的关爱和帮助，心理健康关系着他们一生的发展。音乐教育是美育的一部分，它能提高学生的心理素质，培养学生的审美情趣，达到修身养性的目的。音乐教育也是大学生德育的重要途径之一。因此，高校可从大学生心理健康现状入手，分析音乐教育对大学生心理健康成长的促进作用，在音乐教育中促进学生的心理健康发展。

一、大学生心理健康现状分析

大学时期是人生中极为重要的时期。在这一时期，大学生不仅能学习各科知识，发展智力，而且可以探索人生的意义，初步形成人生观和世界观。但同时，他们也面临着许多成长中的困扰。

（一）大学生面临的心理健康问题

在学习方面，大学生面对的竞争压力日益增大，除了要面对老师的要求、父母的期待，还要面临就业带来的巨大心理压力。有的学生容易紧张，对自己的要求较高，常在考试前或考试中产生焦虑情绪，严重的甚至出现食欲不振、失眠、呼吸困难等问题。有的学生面对学习压力，在屡次遭到失败后产生厌学的情绪，遇到学习上的问题和困难时就采取逃避的态度，对学习越来越排斥。

在人际关系方面，现在的大学生大多个性突出，以自我为中心。在生活中，父母对他们百依百顺，导致他们在集体生活中很少能主动关心他人，宽容他人。若与老师、同学意见不合或发生摩擦、矛盾等，往往缺乏必要的沟通和交流，甚至变得孤僻、独来独往。还有的学生因缺乏与父母之间的沟通，在不和睦的家庭关系中形成了专横、固执的性格。这些都不利于大学生的人际交往，容易导致其出现心理问题。

在这一段特殊时期，大学生的生理和心理都发生着巨大的变化，但他们的认知还处在天真、理想化的状态中，因此容易出现自卑、逆反等心理。一方面，他们迫切地希望自己独立；另一方面，他们在学习、生活、经济上都需要依赖父母和老师。当父母或老师不能认同自己的观念或过度干涉自己的生活时，他们就会产生强烈的反感，有的大学生甚至走向另一个极端，完全拒绝家长和老师的帮助，这就形成了所谓的"叛逆期"。

（二）大学生产生心理健康问题的原因

随着现代信息技术的不断发展，大学生可以接触到各种思想。由于他们的身心还尚未成熟，所以许多负面的、不良的社会风气和思想会危害他们的身心健康。例如，有的网络游戏渲染暴力、色情，有的网络言论存在不良引导，导致大学生的世界观、人生观、价值观出现偏差，势必会诱发许多问题。

家庭是人生的第一个课堂，父母是孩子的第一任老师。家庭教育对学生的心灵成长有着深远的影响。有的父母对孩子属于"溺爱型"，特别是隔代抚养的家庭，对孩子提出的各种物质要求有求必应，却忽视了思想上的引导；有的父母属于"专制型"，对孩子的方方面面都严格控制，很少倾听孩子的心声，导致孩子出现叛逆或自卑；有的父母属于"放任型"，对孩子在学校的表现不闻不问，导致孩子学习习惯差，组织纪律性差，对任何事都采取无所谓的态度。学校教育和管理水平的参差不齐也影响着学生的健康成长。

因此，在不同程度上，学生的心理健康教育、素质教育被排在了次要的位置。但学生在成长中除了需要学习知识武装头脑外，更需要在思想上获得引导，学校与教师应帮助学生树立正确的是非观，帮助学生成为有用之才。

大学生产生各种心理问题，还有自身因素。进入高校时，也是学生"心理危险期"的开始，大学生在生理和心理上都逐渐发生变化，迫切地需要别人把他们当作成年人看待，希望得到更多独立活动空间，更多的认可，但又缺乏生活经验，不能正确看待自己的问题。在这一阶段，若家长和教师能充分认识到学生的问题，及时处理，就能帮助学生顺利渡过难关。

大学时期是学生心理发展的重要阶段，出现心理健康问题是正常现象，对于走进学生的内心，引导学生的思想，音乐教育有着独特的优势。

二、音乐教育对大学生心理健康发展的促进作用

音乐来自人的内心，又对人的心灵产生反作用。柏拉图曾说："音乐教育除了非常注重道德和社会目的外，必须把美的东西作为自己的目的来探求，把人教育成美和善的。" 因此，将音乐教育用于促进大学生心理健康发展是尤为重要的。

（一）加深对自己的了解

认识自我，是人们认识整个世界的起点；接纳自我，是人们与外部世界和谐相处的基础。大学时期正是学生自我意识发展的重要时期，大学生开始学习独立思考问题。在这个过程中，学生不仅能借助音乐更好地思考和领悟，还能通过音乐与外部环境建立联系，在接触音乐的过程中回顾自己的童年，了解自己的喜好与个性，从而建立自信，认识自己，以积极乐观的心态接纳自我。

（二）调节情绪

心理健康的重要表现之一就是对情绪的控制，既包括自身的情绪管理，也包括对他人情绪的感知。大学生由于生理和心理的快速转型，对外部环境容易过于敏感，情绪反应往往十分激烈，表现出冲动、易怒、暴躁、叛逆的特点。

音乐是情感的艺术，欣赏音乐能帮助大学生提高情绪的感知力，还能帮助大学生有效缓解不良情绪带来的心理压力，让情绪有所排解。在学习音乐的过程中，学生可以学会感知他人的情绪，也能提高自我情绪的感知力。

（三）树立正确的人生观和价值观

有的大学生虽然没有表现出明显的心理问题，但每天昏昏欲睡，得过且过，对自己的未来缺乏目标，这是一种不健康的心理状态。对自己未来的职业生涯进行合理的规划，是每个人毕生的重大课题。合理的规划需要建立在正确的人生观和价值观上，而诸如《我和我的祖国》《黄河大合唱》《旗正飘飘》《毕业歌》等具有中华民族特色的经典音乐作品，不仅能让学生感知到音乐家不屈不挠的顽强精神，更能培养学生的爱国之情。

三、在音乐欣赏教学中促进大学生心理健康发展的途径

（一）以活动为主，强调主观体验，帮助学生融入课堂

对大学生进行心理健康教育，不能只讲道理、摆案例，大多数学生都很难接受这样的教学方式。传统的音乐欣赏课只停留在介绍和聆听上，缺乏互动。若在课堂上设计有趣味性的音乐体验活动，例如，在播放一段音乐时，让学生用左右手相互配合，根据老师给出的口诀，配合音乐简单地打节奏。通过类似的团体训练活动帮助学生在轻松的氛围中主动参与和体验，既能减少学生对于"课堂说教"的抵触情绪，也降低了学习过程中的紧张感，使学生可以更自然地展现自己的特长与优势。

（二）开展合唱训练，创设学生互动学习情境，加强合作

处在同一年龄阶段的大学生遇到的问题和困惑往往十分相似，而预防大学生出现心理问题的重要手段之一是同伴的关心和帮助。相比教师与学生，家长

与学生来说，同龄学生之间更容易进行沟通，他们也更渴望得到身边同学的接纳与信任。如今，合唱艺术也是年轻人喜爱的音乐类型，音乐欣赏课正好可以给学生参加合唱训练的机会。一方面，让学生接触、了解不同类型的音乐作品，可以帮助学生开阔眼界，提升欣赏水平；另一方面，集体合唱训练能增强学生的集体荣誉感和归属感。在学习合唱的过程中，既需要同学之间相互交流、相互帮助，也需要同学之间相互配合、相互信任。因此，开展合唱训练能使学生保持积极、阳光的心态。

（三）丰富教学内容，鼓励学生主动展示

大学生心理健康的发展包括方方面面，其中，除了发展自我意识、情绪调控、人际交往等，还包括学习潜能的开发。科学研究表明，人的两个大脑半球有一定的分工，左半球执行着言语和抽象思维的功能，称为优势半球；而右半球的功能与空间位置、形状、音乐及情感等方面的信息有关，在生活中也有重要意义。音乐虽不能表达明确的思想，但它对称的结构、起伏的旋律、张弛的节奏都能对人的感官产生直接刺激，让大脑及神经系统放松或兴奋，能够激发想象力。在音乐课堂上，教师可以通过色彩与音乐、音乐的情绪、音乐冥想等方式充分调动学生的视觉和听觉，鼓励学生在小组和班级里分享自己的体验与感受。

在学习的过程中，学生从被动听，到主动展示，不仅能提高学习效率和记忆力，还能锻炼心理素质，提升心理健康水平。

（四）适时引导，为学生的成长保驾护航

课堂活动就是善意的"圈套"，它把学生引入其中，让学生不知不觉地获得成长。学习的过程绝不是一帆风顺的，学生可能会遇到各种各样的问题：有的学生对于音乐感兴趣，但了解范围仅限于流行音乐；有的学生一开始就认为自己"五音不全"，对音乐学习有自卑和抗拒心理……这时教师需要及时了解学生的心理状态，根据不同学生的情况给予适当的引导。因此，教师必须掌握

教育学、心理学以及音乐专业知识，根据大学生身心发展的规律有的放矢地开展教学活动，关注学生的成长动态，在教学时耐心地辅导学生，帮助学生克服心理障碍，健康成长。

音乐教育对大学生的心理健康起着重要的作用，也是素质教育不可或缺的重要内容。聆听音乐、感受音乐、分析音乐、评价与鉴赏音乐不仅可以激发学生的学习兴趣，开阔学生的视野，还可以丰富学生的精神世界，激发学生的潜能，提高学生的心理素质。只要坚持科学的教育思想，遵循学生心理发展的规律，采取科学的教学手段，将音乐教育与心理健康教育有机地结合起来，就能有效促进学生心理健康发展。

第三节　案例分析法与大学生心理健康教育

随着我国心理健康教育改革的逐步深入，情景教学法、角色扮演法、体验教学法、案例分析法等一系列心理健康教育方法被陆续提出。下面将重点探讨案例分析法在大学生心理健康教育中的应用，以期切实丰富学生的心理健康知识，提高学生对心理问题的认识，提高学生对情绪的自我调节能力，进而增强大学生心理健康教育的效果。

一、案例分析法的内涵

现今，案例分析法已经成为许多企业对员工进行培训教育，及各类医疗卫生、教育教学研究活动中非常重要的培训教育方法。案例分析法最为突出的特点是结合学生实际，把抽象的教育理论、教育知识、教育技巧和现实案例有机结合起来，可以帮助学生更好地提高理论认识水平、提高实践应用能力的重要纽带。

从心理学的角度来看，案例又被称作"个案"，是社会生活中的一些个别现象或者事件，是对具体情境的真实客观描述。

首先，案例应具有真实性，必须来源于学生的生活实际，是学生生活中实际发生的，并且学生比较认可的一些事实。这些事实可能是某些学生的真实经历，或者是其他学生能够在生活中真切感受到的事件。

其次，案例应具有典型性。虽然案例是某个学生的真实经历或者某一事件，但是代表着生活中的一类现象或者问题，这类现象或者问题学生在生活中经常见到，在学生身上经常发生，可能是每一个学生在生活中都会遇到的问题。

最后，案例应具有启发性。案例要能够让学生从中认识到相关的问题，透过事件的现象看到背后本质性、规律性的东西；让学生能够得到更多的启发，帮助学生更好地开拓思路，进而促进学生更好地学习相关理论和知识，真正让学生从思想上认识，从行为上改变，教师要教给学生具体的思考问题、解决问题的办法。

二、案例分析法介入大学生心理健康教育的基本特征

案例分析法是对大学生进行心理健康教育的非常有效的方法，能有效提高大学生的心理健康水平，培养学生良好的人格修养，促进学生的全面发展。案例分析法介入大学生心理健康教育的基本特征如下：

（一）问题突出

运用案例分析法对大学生进行心理健康教育，要给学生展现一个个鲜活的案例。每个案例都包含特定的个人经历，而且是一些很常见的心理问题和行为问题，这些问题都具有非常突出的特点。教师引导学生从学习和生活实际出发，

让学生通过分析具体案例中表现出来的、非常明显的问题，探究各种问题的根源，分析这些异常行为背后的心理问题；在此基础上，让学生掌握相关的心理健康知识，帮助学生更好地进行自我心理调适，提高学生的分析能力和自我调节能力。

（二）目的明确

案例分析法是一种非常有效的心理健康教育方法。教师为了增强心理健康教育的效果，实现预定的教学目标，要精心选择与深入分析案例。在设计和组织教学活动时，尤其是在具体的教学实施过程中，教师要围绕学生的心理问题，结合教学目标，通过具体的教学任务引导学生对相关案例进行讨论和总结。教师所选案例应具有典型性，能够基于学生的生活实际，结合学生的心理健康特点和存在的突出问题，对学生进行有针对性的分析指导，以达到预期的教学目标。

（三）启发深刻

在大学生心理健康教育中运用案例分析法，具有比较明显的启发性。每一个案例都要在教师的引导下给学生启发，引导学生独立思考、深度分析，然后小组讨论。学生在小组讨论的过程中相互启发、相互促进，实现思维方式的灵活转变、思维方法和观点的碰撞，让学生获得更多的知识，不断拓展学生的思路，丰富学生分析和解决问题的方法和技巧，提高学生对相关知识的掌握程度和领悟能力，从而不断提高学生对各种心理偏差的认知和分析能力。

（四）互动性强

在案例分析中，不仅要对案例进行分析阐述，更为重要的是，教师和学生要结合案例进行有效的互动，让学生更好地学习知识、发现问题。通过师生之间、同学之间的对话交流，学生得到更多启发，进而引起共鸣；学生在多元互动的学习氛围中获得更多心理健康知识，从而更有针对性地思考问题，不断提高自我调节能力。

三、在大学生心理健康教育中运用案例分析法的要求

1.教师要精心选择案例，确保学生能够真切地体验

教学案例是对学生进行心理健康教育的基础，教师要针对学生的实际，围绕教学目标，收集更多的教学案例，从中选择最适合学生学习的典型案例。

2.精心组织分析讨论，做好师生之间的有效互动

对典型案例进行分析讨论是运用案例分析法实施心理健康教育的核心环节，要做好这个环节，教师应该先设计好相关的问题，为学生提供较好的话题。教师要结合学生已有的知识，围绕学生的心理特点，针对要实现的教学目标，提出与学生心理和教学目标密切相关的、富有启发性的问题，让学生合作交流讨论，并且和学生一起讨论。例如，为了让学生更好地了解人的情绪的表现形式、学会自控，教师可以播放相关视频，提供案例给学生分析。

3.做好师生角色定位，认真做好总结评价

实施案例分析法教学时，教师不能简单地向学生灌输知识，而要给学生提供鲜活生动的案例，组织学生分析研讨，做好激励和指引。学生不再被动地接受教师的机械说教，而是成为积极参与互动研究的主体。学生结合自身实际认真研究，在实践中加深认识，以实际行动践行相关理论。教师引导学生分析讨论以后，应该给学生留出更多的时间和空间，让学生对问题进行深入思考、探究和总结，形成自己的结论性认识。最后，教师要对学生分析讨论的结果进行总结性评价。

4.注重课堂有效延伸，确保学生有所提升

心理健康教育要能够通过具体的案例，帮助学生更好地掌握相关的心理健康知识，提高学生的心理健康分析能力，帮助学生更好地认识自己。因此，要想真正提高学生的心理健康水平，教师必须在案例分析教学的过程中注重课堂的有效延伸，让学生将有关案例中学到的知识和分析方法应用到自己的生活和学习实践中去，从而把知识和技能与社会生活实践有机统一起来，使学生不断提高分析问题和解决问题的能力。

5.明确实施原则，凸显案例分析法的作用

（1）保护个人隐私

案例分析法的实施要遵循一定的原则，首先要保护好当事人的个人隐私。运用案例分析法开展心理健康教育时，为了更具说服力，教师所选的典型案例基本是真实案例，其中很多案例就发生在学生身边，当事人有可能是学生的同学，甚至就是在座的学生，难免会涉及学生的个人隐私，影响到学生的同学关系等。因此，教师一定要保护好当事人的个人隐私，必要时还要争取当事人的理解和支持。

（2）融入情感因素

要想得到学生的认可，教师需要给学生真实的情感体验。为此，教师在设计相关教学案例时，要考虑情感因素的融入，给学生一个较好的情感体验，增强教学效果。

（3）选择案例时兼顾正反两方面

心理健康教育在很大程度上是针对学生心理上存在的问题展开的。反面案例居多，能够引导学生更好地结合具体问题分析案例。但适当穿插一些正面案例对学生更有启发作用。因此，教师应结合学生的实际问题，在选择案例时兼顾正反两方面。

在教学过程中，教师要认真研究学生的心理特点和年龄阶段性特点，针对大学生的心理特点和行为表现开展有针对性的教学活动，切实丰富学生的心理健康知识，提高学生对有关心理健康问题的认知，提高学生的自我调节能力，促进学生形成良好的心理品质，塑造健全的人格。

第四节　大学生心理健康教育的经济环境研究

大学生心理健康教育政策受经济发展水平的影响，因此对大学生心理健康教育的经济环境进行研究十分必要。

一、研究背景

社会的经济基础决定上层建筑，上层建筑反作用于经济基础。因此，任何一项教育政策的实施都需要经济保障，都需要经济发展为其提供物质基础，否则就无法取得预期的效果。作为教育政策的组成部分，大学生心理健康教育政策也需要经济发展所带来的物质基础和保障。

一项好的心理健康教育政策并不在于它设想得多么美好，也不在于制定者提出的预期目标有多高，而是取决于社会、政府、学校等政策实施主体是否可以承担这一政策的实施成本。显而易见，对大学生心理健康教育政策的执行，一旦超过经济发展水平的预算和投入，就无法达到预期目标，甚至会阻碍教育的改革与发展。这就需要对心理健康教育政策的经济环境进行必要的分析。

二、经济环境的内涵

所谓经济环境，是指对政策系统有重要影响的各种经济要素的总和，主要由社会生产力和社会关系的发展状况构成，包括生产力的结构、性质和生产资料的所有制形式。经济环境是人类社会生活中最基本的环境，政策不可能超越经济环境所提供的条件和要求，只有正确地认识经济环境，才能有效制定和执行政策。教育政策运行的经济环境是指影响教育政策运行的物质资料生产、分配、交换和消费的情况，以及资源、人口、生产力发展水平、人们的生活水平等内容。

三、关于大学生心理健康教育经济环境的改进建议

1.进一步明确大学生心理健康教育经费投入主体的责任，建立合理的成本分担机制

综观大学生心理健康教育专业相关政策文本可以发现，目前我国主要实行的是以政府财政为主体，学校、个人为辅的成本分担机制。但由于地区经济发展水平、经费投入主体重视程度、教师工资收入、素质教育政策执行力等因素的不同，大学生心理健康教育政策的实施出现了差别。建议根据不同地区的实际情况，制定富有针对性的、科学合理的成本分担机制，鼓励吸纳各级各类社会单位和个人承担一定的心理健康教育成本。

2.落实好大学生心理健康教育专项经费制度

建议高校在年度教育经费预算中，单独列出心理健康教育专项经费，遵循先有预算、后有支出的原则，严格执行预算，并确保专款专用，不得挪作他用。同时，对心理健康教育专项经费预算进行全过程动态监控，逐步建立健全预算绩效管理体系，增强心理健康教育经费预算执行的严肃性，提高心理健康教育

经费预算执行的准确度。

3.建立相应的监督机制，确保心理健康教育经费真正落实到位

成立心理健康教育专项资金监管机构，监督有关部门严格按照相关文件规定的比例与标准拨款。同时，协调审计部门或组织会计师事务所等第三方机构，对心理健康教育经费的使用情况进行审计和监管，确保心理健康教育经费的每一分钱都用在了学生的身心健康成长上，切实提升心理健康教育的质量。

第七章 "互联网+"背景下的
大学生心理健康教育探索

第一节 "互联网+"背景下的
大学生心理健康教育现状及发展策略

大学生心理健康教育是高校思想政治教育的重要组成部分。随着互联网的快速发展，尤其是新媒体、自媒体的日益普及，大学生的心理教育出现了多元化的发展趋势。高校要充分重视大学生心理健康教育，积极落实立德树人的根本目标，促进大学生身心健康成长，全面提高高等教育质量。

一、"互联网+"背景下大学生心理健康教育的原则

（一）全体性原则

全体性原则是指心理健康教育的对象是所有在校学生。因此，心理健康教育计划的实施、内容的选择、活动的组织等都要考虑学生的共同需要，以全体学生心理素质的提高为学校心理健康教育的基本立足点和最终目标，并在此基

础上兼顾个体的需要。事实上，大学生的心理问题带有普遍性，其心理需求也具有共同性，这是因为每个学生都会遭遇成长危机，都有面对挫折的成长任务。大学生心理健康教育要贯彻全体性原则，可从以下几个方面着手：

（1）教育者要了解学生的共同需要和普遍存在的心理问题；

（2）教育者对学生要一视同仁，最大限度地让学生参与心理健康教育相关活动；

（3）心理健康教育工作要有利于促进全体学生的发展和成长。

由于学生的生活环境不同，个性、品格迥异，不同的学生所遭遇的问题不完全一样，这就需要教师针对不同的学生进行个别心理咨询和辅导，在关注全体学生的同时兼顾个体的需要，做到点面结合，使每个学生的心理健康水平都得以提高，最终实现全体学生心理素质的提高。

（二）教育性原则

教育性原则是指在心理健康教育的过程中增强学生的心理健康自我保健意识，提高学生的自我保健能力，培养学生积极进取的生活态度，帮助学生树立正确的世界观、人生观和价值观，使学生能够正确地认识自己、客观地认识他人、辩证地认识社会，以积极乐观的心态对待和处理现实生活中的问题。

心理健康教育可以分为两个层面：一个层面是发展性心理健康教育，它是针对全体学生的、以发展性为主导的教育，采取的是主动的、支持性的策略；另一个层面是治疗和矫正辅导，它是针对已经有心理问题的学生进行的，采取的是补救性策略。

大学生心理健康教育以全体的、建设性的、教育性的发展和预防为主，培养学生自我教育、自我管理、自我调适和自我完善的能力，适当辅以个别的、补救性的治疗和矫正，以弥补预防教育的不足。

但是，对心理问题的治疗需要专业的心理治疗技术，它更多依赖医学心理学的理论和方法，因此，高校心理健康教育和咨询中心要谨慎对待需要心理治疗和矫正的大学生。对心理问题比较严重的大学生，应该及时转介到专门的心理治疗机构，以免贻误病情。

（三）发展性原则

发展性原则是指把心理健康教育的重点放在对学生潜力的挖掘、人格的完善和思维能力的培养上，尽可能地发挥学生多方面的才能，促进学生的成长，即坚持"成长中心"而不是"问题中心"。因此，无论是心理健康教育课程的设置，还是心理辅导的方式和内容，都应重视建设性的、发展性的指导，以帮助学生更好地了解自己，客观、公正地评价自己，并根据自身的条件对未来进行科学的、合理的定位，使学生在价值取向和职业取向上都符合社会发展和个人的客观条件，同时，针对学生出现的心理问题有的放矢地进行教育。

事实上，学生的心理问题大多是成长、发展过程中的问题，大多数是反应性的、阶段性的，只要对学生尽早进行人生的发展教育，问题就会相对减少，即使有问题出现，也是非主流的、暂时的，因此，无须夸大问题而使主导教育方向走入歧途。

（四）主体性原则

主体性原则是指在心理健康教育过程中要以学生为主体，充分发扬民主，信任、尊重学生，使学生真正成为学习的主人，让学生主动参与学习的全过程，把教师科学的教育和学生的积极主动参与有机结合起来。

主体性原则集中而直接地体现了学校心理健康教育的关键特征。心理健康教育的目的在于促进学生成长和发展，而成长和发展从根本上说是一个自觉和主动的过程，如果学生没有主动精神，处于被动地位，心理健康教育就会成为一种强制行为，就不会取得预期的教育效果。

心理健康教育是一种助人与自助的活动，"助人"是手段，让学生"自助"才是目的。要达到自助的目的，就要让学生以主体身份直接参与这一活动，使学生学会剖析自己、发现自己、反省自己，然后不断完善自己，为成为一个健康、成熟，能够自我实现的人而努力。

另外，大学时期是学生自我意识迅速发展的时期，高校心理健康教育贯彻主体性原则，不仅发挥了学生的主体作用，而且满足了学生对独立的需要。

（五）整体性原则

整体性原则是指教育者要运用系统论的观点指导心理健康教育工作，注意学生心理活动的有机联系，对学生的心理问题做全面考察和系统分析，防止心理健康教育工作的片面性。

高校心理健康教育追求学生人格的整体发展，最终达到提高学生心理素质的目的。从社会价值取向来看，它重视学生德、智、体、美、劳全面发展；从学生自我完善的需求来看，它注重学生知、情、意、行的协调发展；从学生心理面貌的形成来看，它受到学生个人成长经历、生活环境、家庭背景与性格特点等多种因素的影响。

从系统论的观点出发，高校心理健康教育的对象是完整的、活生生的人，而人的心理也是一个有机整体，所以，高校心理健康教育工作不能就事论事，而应当从个体心理的完整性和统一性，个体身心因素与外部环境的制约性、协调性等综合因素出发，全面把握和分析心理问题的成因并采取相应的教育与辅导对策。

高校心理健康教育要贯彻整体性原则，就要树立学生全面发展的观点，时刻关注学生人格的完整和身心素质的全面提高；对学生的心理问题，要从整体、全局出发，把内外因、主客观、家庭、社会、学校和个人诸因素综合起来，对学生心理问题的教育与辅导要采用综合模式，不局限于某一种方法和技术。

（六）协调性原则

协调性原则是指心理健康教育要充分利用各种教育资源，充分依靠教育者和受教育者，学校、家庭和社会各方面要协同活动，共同实现心理健康教育的目的。

心理健康教育涉及多层次、多领域。从宏观上看，它与政治、经济、文化及社会变迁等因素密切相关；从微观上看，它与校园文化环境、学术氛围、遗传因素、教育背景、人生观、价值观，以及知识结构、人际关系互动等有密切关系。

心理健康教育的效果既取决于教育者的教育思想、教学水平和人格修养，又依赖于受教育者内在的动力；既与受教育者个体有关，又与其生活的环境密切相连。因此，要将心理健康教育融入学校教育的全过程，渗透到各项教育教学活动之中，注意利用校园文化环境中的隐性教育资源，把环境熏陶作为大学生心理健康教育的另一重要途径和渠道。

（七）实践性原则

实践性原则是指在心理健康教育活动中必须加入心理训练和社会实践活动，让学生在活动中更清楚、客观地了解自己，并体会在特定环境下心理状态发生、发展及变化的过程，从而学会管理自己的情绪，把握自己的行为，排除干扰，最终实现心理健康教育目标。

实践活动使学生克服困难与挫折，获得成功体验，增强自信，提高个人的自我价值感和成就感，学生在实践中纠正不良的认知模式和行为习惯，强化良好的认知模式和行为习惯，变消极的情绪为积极的情绪，从而得到良好发展。

心理健康教育的实践活动不是检验理论、发现规律，而是在实践过程中确立正确的思维模式和行为方式，客观地认识自己、认识他人、认识个人和社会之间的关系，应对生活环境中各种各样的矛盾和挫折，坦然面对现实。

心理健康教育的最终目的是使学生学会生活、学会学习、学会思考、学会创造、学会关心和学会自我教育，而这一切都必须在活动中得到良好的拓展。由此可见，心理健康教育重在实践，心理健康教育的理论是为实践服务的，心理健康教育的成果必须接受现实生活的检验。

二、"互联网+"背景下大学生心理健康教育的特点

在"互联网+"背景下，准确掌握高校心理健康教育的特点，洞悉网络心理健康教育的形成和发展规律，尽可能缓解网络对心理健康教育的负面影响，引导大学生充分利用网络资源培养积极的心态、塑造健全的人格，具有重要的现实意义。

（一）网络突破了时空界限，加速了信息传递，拓宽了教育渠道

"互联网+"背景下的心理健康教育打破了传统心理健康教育的时空界限，为教育双方提供了可以随时随地交流和沟通的平台，教育双方可以随意选择交流的时间。同时，网络可以记录和保存双方交流的内容，心理健康教育工作者可以将相同或类似的问题集中归档，建立学生心理信息资源库，并在实践教学中进一步扩充。

此外，高校心理健康教育工作者还可以利用丰富的网络教育资源，拓展教育渠道，利用网上心理咨询工作室、心理知识学习库等，向学生传播心理健康知识，引导学生了解自己的心理状况，及时化解自己的心理问题。

（二）网络整合了教育资源，提高了教育效率

网络整合了大量的心理健康教育资源，扩大了心理健康知识信息库，满足了学生的信息需求。在网络空间中，学生可以根据自己的喜好与兴趣选择自己想要学习的心理健康知识，积极进行自我教育与自我反思；教师也可以借助QQ、微信等平台帮助学生解决其在学习和生活中遇到的困惑，并在沟通的过程中普及心理健康知识，排解学生的烦恼，帮助学生解决心理问题。

（三）网络调动了教育主体的积极性，创新了教育方式，发展了教育理念

在"互联网+"背景下开展心理健康教育，可以采用图片、文字和影像相结合的方式，以学生喜闻乐见的形式传播心理健康知识，调动学生学习的积极性。同时，网络教育资源丰富，便于高校心理健康教育工作者开展实证调查研究工作，及时、全面地了解学生的心理状况，从而在线上、线下开展有针对性的心理健康教育，以弥补现实教育的不足。此外，心理健康教育工作者要充分利用网络的便捷性、平等性、互动性等特点，积极引导学生自我教育，提高心理健康教育的实效性。

（四）网络扩大了交往范围，传递了心理动向，增强了预警功能

在"互联网+"背景下进行心理健康教育，可以通过全方位、多层次的信息传输扩大学生的交往范围，增加学生与外界交流的机会，为广大学生，特别是性格内向、不善言谈、社交能力较弱的学生提供人际交往的平台，突破了现实心理健康教育的局限性。同时，心理健康教育工作者可以借助网络的虚拟性、匿名性、开放性等特点，以朋友的身份与学生平等、自由地沟通，在交流的过程中能够及时地掌握学生的心理动向，了解学生的心理状况。

（五）网络的私密性满足了学生的心理需求，激发了教育活力

网络的虚拟性和匿名性满足了学生保护隐私的心理需求，建立了师生之间相互信任的心理基础，使得学生愿意放下心中顾虑，在宽松、平等、自由的环境中展现自我、发挥个性，将自己的真情实感流露出来，从而为心理健康教育工作者有针对性地开展工作创造条件，激发了教育活力。

三、"互联网+"背景下大学生心理健康教育的发展现状

互联网的发展对教育行业产生的变革是巨大的,我国正在努力推进远程教育的发展,为教育的网络化提供越来越完善的基础设施。对于心理学来说,互联网是可以广泛应用的研究工具。如今,心理素质在衡量人才的指标中的地位、心理健康教育在学校的教学计划中的地位都越来越重要,心理健康教育理应在网络化方面出现快速发展的趋势,但目前在我国的心理健康教育中,网络被应用的范围仍有限,且发展速度也较慢。由此可见,网络心理健康教育有极大的发展空间和更多的可能。

四、"互联网+"背景下开展大学生心理健康教育的优越性

当前,关于"互联网+"背景下心理健康教育的研究分为两个部分:一部分是研究网络对人的心理健康的影响,以及如何利用有效的教育手段使网络对人的心理健康的影响更多地偏向积极的方面,降低或摆脱消极的影响,解决网络成瘾等问题,研究网上的攻击性行为等;另一部分是研究如何在心理健康教育的过程中使用网络平台,以及网络对心理健康教育形式、途径、效果等方面的影响。

(一)大学生网络心理健康教育形式多样化

大学生网络心理健康教育的形式有线上大学生心理健康教育视频课、线上问卷调查、线上一对一咨询等。

大部分高校都以第二课堂的形式开设线上大学生心理健康教育视频课,通过一些在线平台向大学生提供课程视频。

线上问卷调查是学校在网上编辑设置一套标准化的量表，让学生进入网页填写，学校从后台直接获取量表填写的结果并进行分析。

线上一对一咨询就是学生在网上向心理咨询师咨询心理健康问题，这种形式的应用目前还较少。

大学生还可以通过浏览网页等方式来接触基本的心理学知识，从而改变自身对心理学的认知，使大学生能更好地预防和解决心理健康问题。在网络视频课程中，线上的师生互动也解决了不能面对面地及时反馈的问题。

以上这些形式都是为了更好地服务大学生，使心理教育更加容易。总之，互联网的出现拉近了人们的距离，为人们的交流提供了便利条件，网络上可利用的心理学资源也越来越多，获取心理学知识的渠道也更具有灵活性和多样性，如有一些对外开放的高校电子图书馆和一些心理学机构的网站。近年来，心理学相关的微信公众号也得到了快速发展。

（二）有利于保护个人隐私，增强学生的安全感

随着当代社会竞争压力的日渐增加，生活节奏日渐加快，再加上经济全球化的纵深发展导致多元文化观、价值观相碰撞等因素的影响，当代大学生的心理健康问题日益增多且种类复杂，具有鲜明的时代性。互联网具有匿名交流的功能，可以减少大学生对隐私泄露的顾虑，增强他们的安全感，使其有更大的意愿去分享自己的经历，尝试主动联系心理咨询师；也可以使大学生根据自身的意愿主动去接触适合自己的心理咨询。同时，还可以减少大学生的羞怯情绪，使咨询中的沟通交流有更加深入的可能，便于获得更多来访者自我感觉方面的信息。

（三）有利于节省空间和时间，心理健康知识的普及性更广

网络本身具有全球性和全天候的特点，它能帮助大学生心理健康教育突破时空的限制。如大学生可以自由选择空闲的时间观看心理健康教育的视频课，并且能在有需要时反复观看，不需要在特定的咨询室内进行，既可以节约空间，

还可以实现咨询师资源更快速、更有效的配置，可以使多个学生的心理咨询同时在线进行。网络的迅速发展及人们对网络的依赖性，使人们能够更多地接触心理学，以达到普及心理学的效果，心理工作者也能够方便快捷地收集到有效的心理学资料，及时获得反馈，从而更好地服务大众。

五、"互联网+"背景下加强大学生心理健康教育的主要策略

为解决实际问题，除了需要整合学校现有的心理健康教育资源，努力构建课堂教学、心理教育活动、心理咨询、危机干预、调查研究相结合的心理健康教育模式以外，还应拓展新的大学生心理健康教育途径，充分利用好网络所具备的特有优势，提高大学生心理健康教育工作的实效性。

（一）构建心理健康教育平台，促进心理健康教育信息化

网络平台将资源最优化，可以节约线下课程的开设成本（传统课本印刷、线下宣传等），大学生也可以在网上自由选择适合自己的课程及教师等。同时，网络的形象性和新颖性丰富了高校大学生心理健康教育的方法和手段。网络为大学生心理健康教育提供了多样化的选择，充分利用文字、图画、声音等元素，更好地向大学生传递心理健康知识，让其更容易接受心理健康知识。应用网络也能够更方便、快捷地建立信息库，并落实到每个学生的身上，为学生每次的心理健康教育活动结果都建立一个信息档案，既便于大学生心理健康教育各项工作的进行，又能促使大学生更加认真地对待每次的心理健康教育活动，使心理健康教育工作更具针对性，增强其效用。

（二）优化心理健康教师队伍，完善心理健康教育体系

高校应完善网络心理健康教育体系，招聘心理健康教育专业骨干教师，扩

大专业心理健康教育师资队伍，设计更加简单易懂的课程，增加人文关怀，建立网络心理健康教育管理平台，加强心理健康教育顶层设计，充分利用校园网和互联网两大平台，构建完善的心理健康教育体系。

加强网络心理健康教育平台建设，重视网络心理健康教育的意义，能够引导大学生开展自我教育，高校应建立大学生心理健康信息档案和及时反馈制度，注重各部门协同教育，提升心理健康教育整体质量。在校大学生应该提高自我意识，主动接触心理健康教育，学习心理健康知识，加强自我修养，自觉抵制负面信息，文明上网。

大学生网络心理健康教育有着良好的发展前景，我国许多高等院校的校园网已经成为实施大学生心理健康教育工作的重要渠道。"互联网+"心理健康教育的被关注度逐渐提高，越来越多的大学生知道了心理健康教育的意义。尽管互联网在大学生心理健康教育工作中的运用还存在一些不可避免的问题，但它在解决一些特定情况下的问题时，却可以弥补传统心理健康教育手段的不足。"互联网+"背景下的大学生心理健康教育应引起高等教育工作者的高度重视，高等教育工作者应科学、合理地运用这种教育手段，努力探索新时期网络心理健康教育的新模式，使心理健康知识更容易被多数大学生学习，进一步提高大学生的心理素质，从而提高高校心理健康教育工作的有效性和实效性，促进大学生心理健康教育工作的蓬勃发展。

第二节 "互联网+"背景下的
大学生心理健康教育实践

随着信息技术的快速发展，互联网教育日益兴起，大学生心理健康教育实践迎来了新的契机和挑战，发挥互联网的优势不仅可以为心理健康教育提供新途径，而且可以突破时间和空间的限制，及时了解学生的心理动态。

在整合信息技术优势的基础上，心理健康教育同互联网相结合，可以借助互联网的优势，促使大学生心理健康教育与时代发展同向同行，能够有效地提高教育的针对性和实效性，并且有利于大学生心理健康教育工作的良性发展。互联网与大学生心理健康教育实践的融合，拓宽了高校心理健康教育的实践途径，更新了心理健康教育的实践资源，拓展了大学生心理健康教育的实践模式，可以更加及时、便捷、有效地为大学生心理健康服务，为大学生的健康成长助力、护航。

目前，虽然许多高校构建了心理健康教育工作体系，但是专职心理健康教师的数量严重不足。个别高校送辅导员参加心理健康培训后，让其兼任心理健康教师，但是辅导员自身的工作会影响心理健康教育工作，在具体开展大学生心理健康教育工作时，很难脱离辅导员的身份，学生也会因顾及教师的辅导员身份而不能真正敞开心扉，开展心理健康教育的效果不是很理想。"互联网+"背景下的大学生心理健康教育实践主要存在以下两个问题：

一是心理健康教育知识获取形式较单一。心理健康教育必修课和选修课是高校学生获取相关知识的主要渠道，学生在课堂上被动地接受教师的传授，效果较差。大学生来自不同的省份、不同的家庭，存在的心理困惑有所不同，统一的教育模式忽略了学生的个体差异。课外主要通过"5·25"心理健康日、心理活动月等活动进行知识普及，但是，普及效果不好评估，缺乏互动性和针对性。而00后的大学生个体意识比较强，不喜欢说教式的理论灌输，他们更喜欢关注自己感兴趣的和需要的内容，所以传统心理健康教育模式收效甚微。

二是心理健康教育渠道存在一定限制。传统心理健康教育在解决学生心理健康问题时，主要的方法是面对面心理咨询，但心理咨询在我国的发展时间较短，学生对心理咨询普遍存在排斥心理。学生有心理健康问题时，不敢向别人倾诉，生怕被别人"贴标签"，一般选择自己消化。由于缺乏安全感，很多存在心理问题的学生没有及时地向专业人士求助，致使一部分学生的心理健康问题逐渐由一般问题发展为严重问题。

一、"互联网+"背景下开展大学生心理健康教育实践的优势

（一）为高校心理健康教育提供新思路

目前，大部分大学生都会使用智能手机或移动互联网设备，利用这些移动互联网终端，可以非常方便并且快速地获取信息。如今，许多大学生的校园生活都离不开微信、QQ等网络工具。在互联网上，他们可以隐藏自己的真实身份，毫无顾忌地倾诉自己的问题，在一定程度上能够缓解心理压力。当学生出现心理健康问题时，可以在高校建设的网络咨询平台上注册匿名账号，与教师在互联网上进行交流，可以随意表露自己的想法，因为网络另一端的教师无法知道他们的真实身份。高校可以对平台数据进行分析和整理，并给予学生相应的帮助，及时、有效地与学生建立良好的沟通。

（二）为心理健康教育自我服务开拓新路径

互联网的发展给心理健康教育带来了丰富的教学资源，学生拥有更多的自主选择权，可以根据自己的心理健康问题选择符合自己需要的信息。例如，学生可以选择自己了解并且喜欢的教师的课程，这样可以更容易地学习知识，更信任教师的讲解；可以参与自己了解的话题讨论，在讨论中互相学习借鉴，激发自我管理、自我服务、自我成长的潜力，更有利于自身的健康成长。这个路径减少了说教，更注重学生的自我获取。学生可以根据自己所需，主动开展相关知识的学习，由"要我学"变为"我要学"，学生的学习积极性得到提高，学习效果较好，同时也自愿接受了心理健康教育。

（三）突破了心理健康教育时间与空间的限制

移动终端可以随时随地获取信息。在信息高速传输的互联网世界中，高校心理健康教育教师可以运用多媒体技术，通过多种多样的信息传输方式，不受时间和空间的限制向学生传播心理健康知识，以学生乐于接受的方式，引导学生树立正确的观念，并积极参与到心理健康教育活动中，进而能够在有问题的情况下主动寻求心理帮助。针对学生自述的情况，教师及时给予相应的心理帮助，可以大大提高心理健康教育的有效性，突破课堂教学的有限性，扩展心理健康教育的工作方式，扩大心理健康教育工作的覆盖面。

（四）可以及时了解学生的心理健康状况

在传统的面对面咨询或问卷调查中，学生会对问题有所顾忌，从而影响数据的真实性，增加了大学生心理健康教育的难度。互联网具有隐匿身份的特点，对大学生来说是一个极好的宣泄情绪的平台，他们在学校专题网站、贴吧等发表自己的看法，宣泄自己的情绪。由于身份隐秘，学生所表达的内容比较真实，与学生内心的吻合度较高，这些都为心理健康教师提供了信息。教师对所获取的信息进行整理与分析，可以了解到学生心理健康的整体状况，把握学生的心理动向，提高教师工作的针对性和有效性，便于教师精准开展心理健康教育工作。

二、"互联网+"背景下大学生心理健康教育实践的途径

（一）构建"互联网+"大学生心理健康教育实践平台

构建"互联网+"心理健康教育平台，需要高校建立心理健康教育专题网站，让学生借助移动互联网终端接收和反馈信息。由学校心理咨询中心运营心理健康教育专题网站，隐匿教师和辅导员的身份，整理与分析在网站上获取的信息。对于比较简单的问题，可以直接在网上解决；对于比较复杂的问题，可以先在网上沟通，建立信任后再邀请学生到咨询室，通过面对面的方式重点解决。在心理健康教育专题网站上，教师和辅导员以同学、朋友的身份与学生交流，在日常的沟通和交流中发现学生的问题，并帮助学生应对和解决问题。但前提是教师和辅导员要具备一定的心理健康教育知识，这样才能对大学生普遍存在的问题，如学习适应问题、同学关系问题、人际交往问题、择业压力问题等提供专业的指导和帮助。

（二）构建"互联网+"大学生心理健康课程体系

目前，高校普遍采用网上选课模式，"互联网+"教育在一定程度上改变了中国教育的发展，移动互联网终端正逐渐成为大学生学习和生活的必备物品。高校可以将合适的心理学课程放到心理健康教育专题网站上，可以是知名专家的讲座，也可以是本校教师自行制作的精品课程。学生可在专题网站上选择适合自己的心理健康课程，也可通过校园 APP 在线学习，还可以通过 QQ 群或微信群直接向教师提问，有利于大学生直面自己的心理健康问题，正确对待自己的心理健康问题，在整体上提高大学生对心理健康的认识，有效提升大学生的心理健康素质。

（三）构建"互联网+"大学生心理健康调查体系

心理调查是学校心理健康教育工作人员获知学生心理状况的主要途径。获知学生心理状况在一定意义上比解决问题更重要，高校只有准确掌握学生的心理状态，才能有效地开展相关的教学活动，才能制定符合本校学生特点的工作方案以及各种心理应急预案，才能提高大学生心理健康教育实践的针对性和有效性。传统问卷调查的发放和回收都有一定难度，统计数据信息更是需要一段时间，时效性不强。而且学生需要集中填写问卷，在填写时会有所顾忌，怕被别的同学看到，缺乏私密性。借助互联网开展心理健康调查，不仅非常方便，而且具有较高的时效性，学生可以随时随地利用手机等移动互联网终端在网上填写调查问卷并提交，系统可以自动完成数据的统计和分类。利用这种方式，教师可以在第一时间了解学生的心理状况，并对不同学生的不同状况进行分类与整合，不但可以对某个学生的个人情况给予有针对性的心理帮助，而且可以为高校心理健康教育工作的合理、有效开展指明方向。

（四）构建"互联网+"大学生心理健康档案系统

目前，高校都会在新生入学后进行心理健康普查，以便了解学生的心理状况。学校借助互联网建立大学生心理健康档案，可以分析不同年级、不同地域、不同家庭学生的心理特点，便于开展心理健康教育研究。"互联网+"大学生心理健康档案的建立，便于教师在心理健康教育过程中及时更新和增加内容。相比传统的档案系统，"互联网+"大学生心理健康档案系统应用性更强，使用更加方便，为开展心理健康教育研究提供了更加便利的渠道，提高了心理健康教育的实效性和针对性。心理健康档案可以包括学生的基本信息、既往病史、早期教育情况、心理特点、心理测验结果和心理咨询记录等，教师可以从整体上把握学生的心理现状，只要输入学生的基本信息，就可快速调出学生在校期间的心理健康档案。成功构建"互联网+"大学生心理健康档案系统后，最重要的就是依据学生的心理变化进行更新，保证信息处于最新状态。

(五)构建"互联网+"大学生心理咨询系统

构建"互联网+"大学生心理咨询系统,有利于心理健康教师借助网络工具的优势,运用传统的理论方法,用大学生乐于接受的方式改善大学生的心理状况。例如,对存在一般心理健康问题的学生,教师可以通过互联网交流予以帮助,使其走出困惑,恢复心理健康;对存在较严重心理健康问题的学生,教师可以先通过互联网交流了解初步状况,在进行互联网咨询的同时,与学生建立信任关系,不断地提高学生对心理健康的认识,再让学生到心理咨询室进行更进一步的咨询,为其提供专业的、有效的帮助。高校积极开展互联网心理咨询,不仅有利于教师更清楚地了解学生的真实想法,而且有利于心理健康知识的普及,有利于教师用专业的、合理的心理健康知识引导学生树立正确的观念。

"互联网+"背景下大学生心理健康教育实践途径的构建,在很大程度上发挥了互联网的资源优势,优化了传统的心理健康教育模式,更好地发挥了心理健康教育的作用,为大学生心理健康教育注入了新鲜血液,增强了大学生心理健康教育的效果。但互联网资源也存在一些弊端,在与心理健康教育融合的过程中,不能硬性要求其全盘融合。在具体开展心理健康教育实践的过程中,不应过分强调使用互联网,而忽视传统教育活动的优势;不应过分注重互联网教育模式,而全盘否定传统教育模式。两种教育方式各有优点和缺点,应当在适合并恰当的条件下将两者融合,以便更好地促进大学生的心理健康发展。

第三节 "互联网+"背景下
大学生心理健康教育课程体系的构建

大学生心理健康教育课程体系的构建由于受到各种条件的限制，一直未能取得良好的成效，而互联网的发展会对大学生的心理健康产生潜移默化的影响。因此，在"互联网+"背景下，构建大学生心理健康教育课程体系变得尤为重要。

一、注重预防、矫治心理健康问题与提升心理健康素养的结合

在心理健康课程目标的设置过程中，高校应重视加强心理健康问题的预防和矫治，要通过一系列的专题课程教学，让学生系统地掌握预防心理健康问题的知识，做到"防患于未然"。除此之外，高校还应重点提升学生的心理素养，提高学生的心理健康素养，培养学生积极向上的心态。还要教会学生正视心理健康问题，提高解决心理健康问题的能力，让学生拥有良好的心理素养。

二、注重理论教学与实践环节的结合

在教学内容的设置中，高校一方面要加强心理健康理论知识的系统化教

学,采用必修课和选修课相结合的方式,让学生系统地学习、掌握心理健康知识,培养学生灵活运用心理健康知识的能力;另一方面,要注重加强实践活动的设计和实施,这些实践活动既有心理游戏,也有感悟分享,还有实践体验,目的是让学生学会运用心理健康知识分析和解决自身存在的问题。

三、注重线下课堂教学与线上自主学习的结合

在"互联网+"背景下,高校在课堂教学中融入互联网是十分必要的。在心理健康教育课程的教学中,教师应积极开展认知型课堂教学,采用从激发兴趣到形成能力、从自主互动到合作探究、从能力拓展到素质提升的思路去传授知识。除此之外,教师还要积极引导学生利用课余时间借助互联网的丰富资源开展学习,拓宽视野,培养自学能力,提升心理素养。互联网具有显著的开放性与共享性,大学生可以通过互联网查询自己想要了解的内容,同时,教师要给予正确的引导,用互联网辅助教学,也可以利用互联网上丰富的教学资源开发新的心理健康教育课程,为心理教育课程体系的构建贡献自己的力量。

四、注重专职教师能力提升和兼职教师素养提升的结合

心理健康教师必须具备坚实的理论基础、娴熟的教学技巧、深厚的咨询功底和良好的人格品质,才能培养大学生树立正确的心理健康观念。高校心理健康教师队伍一般采用专职教师和兼职教师相结合的模式,因此,高校一方面要完善教师任用机制,对教师的选拔、培养、任用和考核环节严格把关,构建高标准、高素质的教师队伍,另一方面要注重教师队伍的专业培训,着力提升教师心理健康实务工作的能力和素质;还要建立激励机制,提高教师的身份认同感和自我价值感,打造一支业务精湛、师德高尚、结构合理、充满活力的心理健康教育专业化师资队伍。不管是专职教师还是兼职教师,都应该充分利用各

种渠道提高自身的专业素养，使"互联网+"背景下的大学生心理健康教育得到进一步加强。

在"互联网+"背景下，社会是不断变化的，大学生心理健康教育课程体系也应随时代的变化而变化，紧跟时代步伐，不断地发展与完善。在教学模式上，大学生心理健康教育课程要充分发挥隐性课程的作用，力求达到"润物细无声"的效果；在教学方法上，要充分结合互联网中丰富的教学资源，让互联网走进心理健康教育课堂，增加课堂的趣味性。心理健康教育对大学生的心理健康起着极为重要的作用，因此，对大学生心理健康教育课程体系的构建，一定要结合时代特点和大学生的自身特点，大胆地进行改革与创新，在高校教学中发挥出互联网的优势，达到心理健康教育的最佳效果。

第四节　"互联网+"背景下
大学生心理健康教育机制的构建

"互联网+"背景下，大学生的心理健康会受到互联网影响，如何提高大学生的心理健康水平，降低互联网对大学生心理健康的危害，是一个值得探究的问题。

一、"互联网+"背景下开展大学生心理健康教育的必要性

（一）"互联网+"背景下的大学生心理健康需要

互联网技术的快速发展及"互联网+"时代的到来，深刻改变了大学生的生活和学习状态。互联网对大学生有着强烈的吸引力，但也会让他们产生心理上的困扰。因此，高校有必要对"互联网+"背景下如何开展大学生心理健康教育进行研究，探索新的教育方式，以满足大学生的心理健康需要。

（二）解决大学生心理健康问题的需要

互联网环境是复杂的，许多安全保障机制是不健全的，大学生沉溺其中很容易形成心理健康问题。互联网对大学生容易造成五个方面的心理健康危害：第一，容易让大学生发生角色错位，沉溺于"人机"交往而忽视现实中的人际交往；第二，容易让大学生发生人性异化，在人格结构方面更多地表现出数字化倾向；第三，容易让大学生迷失自我；第四，容易弱化大学生的道德自律，做出道德失范的行为；第五，容易使大学生沉溺其中无法自拔。因此，高校应采取有效措施避免这些问题的出现，加强大学生心理健康教育。

二、"互联网+"背景下高校如何构建大学心理健康教育机制

（一）明确教育目标

"互联网+"背景下对大学生进行心理健康教育，就是把相关的心理健康

理论知识、资源、信息、方法等用大学生喜闻乐见的形式传递给他们，从而实现大学生心理健康教育的目标。其一，高校可以通过宣传、普及相关心理健康知识，帮助大学生增强心理健康意识，掌握一定的心理调节方法，在日常学习、生活中保持积极向上、乐观健康的心态，从而预防、减少大学生出现心理健康问题或心理危机。其二，高校应激发大学生的潜能。每个人都拥有与生俱来的积极向上的潜能，而对大学生进行心理健康教育，就是要激发大学生这种积极向上的潜能。

（二）建立监管机制

在虚拟、自由的互联网世界中，学生很容易沉溺，如沉溺于网络游戏、网上购物、网络社交等，不仅会浪费很多时间，影响正常的学习生活，而且还会出现由于自身随意的网络言行而弱化道德意识的现象。所以，高校在"互联网+"背景下开展大学生心理健康教育，必须建立健全互联网心理健康教育的引导与监管机制，加强大学生的互联网自律意识。

其一，加强外部力量建设并进行引导。高校需要建设一支具有互联网专业技术的心理健康教育师资队伍，以灵活自如地通过网络与学生进行有效、及时的交流沟通，敏锐地感知学生心理动态，对学生在网上的负面言行及时监管、引导和干预，避免产生负面舆论。

其二，加强内部力量的驱动作用。大学生作为心理健康教育的主体，必须拥有一定的互联网自律精神与能力，在使用互联网的过程中养成良好的行为习惯，以内部力量驱动自己形成健康向上的心理。

（三）营造文化环境

"互联网+"背景下，高校要综合运用多种社交平台，如微博、微信、QQ等进行校园互联网文化传播，也可以通过视频、文字、语音、图片等形式在多平台实现全方位的互动与交流，实现互联网心理健康教育形式的创新。其一，高校应坚持社会主义核心价值观的指导，做好大学生价值观的引导与教育工作，在网络舆论中掌握主动权。其二，高校要加强建设互联网文化，在网络空间中坚持包容的态度，敏锐地把握大学生在网上的心理变化与思想动态，以大学生的心理变化为基础，加强校园互联网文化建设，为大学生的心理健康发展营造积极、健康的文化氛围。

（四）建设师资队伍

在"互联网+"背景下开展大学生心理健康教育离不开师资队伍的支持，教师专业水平与素质的高低直接影响了教学水平的高低，所以，高校必须重视心理健康教育师资队伍的建设。其一，高校应聘请专业化、高素质的心理教育工作者及专业心理医师等，积极开展心理健康教育活动，从根本上提高师资队伍的水平。其二，高校应建立健全教师培训机制，利用课题研讨会、兄弟院校交流会、公开课评选等方式，提高教师的专业化水平与素质，从而为心理健康教育引进新知识、新理论及新观念。其三，高校应加强资源整合，与知名医疗卫生机构、心理咨询室等建立合作，针对大学生存在的心理健康问题开展多元化的教育活动，如在线咨询、宣传活动、专题讲座、团体活动等，提升大学生心理健康教育的质量。

"互联网+"背景下，加强对大学生的心理健康教育不仅是时代发展的需要，而且是解决大学生心理健康问题的需要。通过研究"互联网+"背景下的大学生心理健康教育，可以发现当前大学生心理健康教育存在的不足，为弥补这些不足，高校要从多方面努力，如充分利用互联网手段，让大学生敢于说出自己的心理困扰，并接受心理治疗；为大学生创设健康向上的网络文化环境，引导大学生树立正确的价值观，降低网上的负面信息对大学生造成的危害。高校应重视"互联网+"背景下的大学生心理健康教育，积极构建与大学生心理健康相适应的教育机制，保障大学生心理的健康发展。

第五节 "互联网+"背景下的
大学生心理危机预防

随着互联网的迅速发展，互联网在大学生的日常生活和学习中普及，成为大学生日常生活和学习中不可缺少的一部分。但是，互联网的发展在给大学生带来诸多便利的同时，也给大学生的心理健康造成了一定的负面影响，包括认知危机、情感危机、人际关系危机等。对此，高校要加强互联网心理健康教育相关的宣传，建设"互联网+"大学生心理危机教育预防系统，完善"互联网+"大学生心理危机干预机制，保障大学生在"互联网+"背景下的心理安全。

互联网是一个包容的，可以进行信息沟通、分享的平台，已成为大学生日常生活发表意见和交流观点的主要平台。相关调研报告显示，至少有86%的大学生在进入大学之前就开始使用手机上网，而绝大部分的大学生都使用过微信、微博等应用程序。由此可见，越来越多的大学生开始成为互联网"活跃分子"。但是，互联网在给大学生带来正面心理影响的同时，也可能带来负面心理影响。

一、"互联网+"背景下预防心理危机的必要性

心理危机通常是指一个人所处的境地超过了其应对问题的能力和周围资源的支持能力，从而产生的暂时性心理失衡状态。美国心理学家J.卡普兰的观点是，心理危机是当个体面临突然或重大生活逆境时所出现的心理失衡状态。

而心理危机的成因往往包括许多种，如认知方面、情感方面、人际关系方面的原因等。大学生心理危机一般都具有突发性、普遍性、复杂性、危险性等特征，大学生一旦发生心理危机，如果缺乏社会的有效支持，就很可能出现自伤事件，对学校、家庭和社会造成严重的负面影响。因此，"互联网+"背景下的大学生心理危机预防十分必要，其能针对处于心理危机中的大学生个体采取有效措施，能及时给予大学生适当的心理援助，帮助其尽快脱离困境，恢复积极的心理健康状态。

二、"互联网+"背景下大学生心理危机的分类

（一）认知危机

"互联网+"背景下，很多大学生的认知逐渐向消极方面发展，原因主要分为两方面：一方面是对互联网的依赖和使用，使大学生丧失了与人面对面交流的机会，致使大学生无法真实体验大学生活，阻碍大学生认知的健康发展；另一方面是大学生接触大量的网上信息，却难以在短时间内分辨真假，容易被人诱导，产生认知偏差，甚至出现思维混乱、网络成瘾等问题。

（二）情感危机

互联网平台上，人和人之间不需要面对面就可以进行交流，虽然有不受时间和空间限制的优势，但也让大学生难以体会面对面交流的情感互动，无法感受现实生活中丰富的情感变化，丧失人际交往与情感交流的能力。而当大学生遭受人际交往和情感挫折后，大多会选择从网络上寻求安慰，最终导致情感的异化和迷失。

（三）人际关系危机

对互联网的沉迷和依赖会占用同学间展开交流的时间，从而阻碍学生人际

交往能力的提高。互联网具有开放性，网上的人际关系十分复杂，这就使一些不法分子借助互联网这一掩护，欺骗、诱导大学生，获取其身份信息，牟取钱财甚至威胁其人身安全，而被欺骗的大学生容易自卑或走入极端，出现信任危机等各种心理健康问题。

三、"互联网+"背景下大学生心理危机预防的具体策略

（一）加强"互联网+"背景下大学生心理健康教育的宣传工作

"互联网+"背景下，有效预防大学生心理危机的目标要求高校不应当只关注心理危机事件本身，而应该更长远地考虑怎样去预防和避免心理危机事件的发生。从心理健康教育入手，开展预防教育，可以通过以下三种方式：

第一，高校应将"互联网+"背景下的心理健康教育作为一门重点课程，并纳入教育方案中。教师可以通过慕课、微课等新型教学模式，丰富课堂教学方式，以实际案例来引导学生正确了解互联网对大学生心理健康的影响，让大学生学会科学、合理地使用互联网技术，明白沉迷互联网的后果，并鼓励学生合理安排上网时间；与学习和生活中的同学、朋友、老师和家长等进行面对面的交流和交往，充分利用互联网的优势，排除互联网的危害，预防心理危机。

第二，高校可以组织开展各种与互联网心理健康教育相关的校园活动，如权威专家宣传讲座、心理健康知识竞赛以及心理健康案例教育短视频拍摄等，在校园内营造良好的心理健康教育氛围，促进预防教育的开展，降低大学生出现心理危机的概率。

第三，高校可以打造心理健康教育"两微一端"（微博、微信及新闻客户端）宣传平台。当前，大学生对校园宣传的兴趣和关注度不高，对此，高校应当把握大学生主要关注的新媒体，顺应发展潮流，将高校心理健康教育和微博、微信联系在一起，通过官方微博、微信公众号等搭建新型心理健康教育宣传平台，让这些知识更容易被大学生接受，提高宣传效率，增强宣传效果。

（二）建设"互联网+"背景下大学生心理危机预防系统

"互联网+"背景下，建立大学生心理危机预防系统，是充分发挥心理危机预防作用的主要渠道。建立大学生心理危机预防系统，具体可以通过以下两种方式：

1.借助网络平台建立心理危机评估和预警数据

高校可以利用互联网平台，如 QQ、微信、微博等，发展评估和预警相结合的心理危机预防体系。首先，高校可以通过网络平台，从成长历程、人格特点、生活琐事、社会支持和抑郁情绪等方面，对大学生进行心理危机评估，再由专业人员对评估结果进行心理危机等级评定，然后采取具有针对性的疏导治疗；其次，高校心理健康教育中心、二级学院以及心理委员可以组成心理危机预防三级系统，由心理委员负责使用互联网平台，如 QQ 空间、微博、微信朋友圈等，实时记录学生的心理状态，建立心理健康状态数据库。二级学院和心理健康教育中心则负责每日查看数据，筛选出其中可能出现心理危机的学生，对其提供帮助。

2.搭建心理危机预防网络平台

高校可以给大学生提供专业的心理咨询服务和专业的心理测评网络平台。通过该平台，大学生能自行根据自己的心理状态进行检测，并获得准确的测量结果解析和心理测评指导，从而让大学生自己发现心理健康问题，并主动寻求心理帮助。平台监测人员也可以根据检测情况，为存在心理健康问题的学生提供帮助，建立大学生心理危机干预档案。此外，平台还需要提供管理工具，以便心理危机预防工作者使用网络系统工具准备教学材料，以及预先设置教学情境，更好地引导学生进行心理危机自主预防。当然，学校也可以把学校的心理健康教育活动课上传到网上，充分利用网络优势，给予学生自主选择学习心理健康教育课程的权利，从而提升教育活动的交互性和积极性，把原本以教师为主导的教育模式转变为师生互动的模式，让学生主动探究自身的心理健康问题，并能积极解决自身的心理健康问题。

（三）完善"互联网+"背景下大学生心理危机的干预机制

互联网在大学生日常学习和生活中扮演的角色越来越重要，针对其给大学生造成的负面影响，高校应当立足于互联网平台，抓好心理危机预防教育，完善人才队伍建设，加大心理危机预防教育资金的投入，构建心理危机干预网络，最终实现解决大学生心理危机的目的。主要可以通过以下三种途径：

1.加大心理危机预防资金的投入

心理危机预防教育不是一蹴而就的，而是需要持续地坚持和完善。当前，我国高校在心理危机预防教育方面的资金投入有所增加，但仍无法完全满足大学生的心理健康教育需求。因此，高校应当加大资金投入，以更好地完善心理危机干预和预防教育体制。

2.构建心理危机干预联动网络

通过联动网络的构建，高校领导和相关部门可以实时掌握心理危机预防工作的开展情况和效果，并做出调整与优化指导。此外，教师也可以根据互联网开展排查工作，更好地了解学生的心理状态，以便应用合适的干预方法帮助学生，降低心理危机事件发生的可能性。

3.建设心理危机预防人才队伍

"互联网+"背景下，高校心理危机预防教育人才队伍不仅需要具有专业的心理学教育知识储备，还需要顺应时代的发展趋势，时刻强化自身的互联网意识和互联网能力，提升教育工作者的综合素质。

综上所述，大学生心理危机预防教育是大学生心理健康教育的重要组成部分，也是预防大学生心理危机、改善大学生心理状态、降低心理危机事件发生可能性的预防对策。目前，大学生普遍存在认知、情感以及人际关系等方面的心理危机，高校应当加强心理健康教育课程教学活动的宣传工作，建设"互联网+"背景下的大学生心理危机教育预防系统，完善大学生心理危机教育干预机制，保护大学生的身心健康。

第八章 "互联网+"背景下的
大学生心理健康教育模式及创新

第一节 "互联网+"背景下的
大学生网络心理健康教育

随着网络和科学技术的进步,工作运转逐渐数字化、信息化,人们的日常工作学习越来越离不开互联网,信息资源的迅速发展让互联网时代迅速来临。在这种环境下成长的大学生,从小就接触网络,学习、生活和网络之间已经建立了密切的关系。大学生的心理健康教育是非常需要引起关注的,心理健康教育工作者应立足自身的职责要求,以自身的专业水平和对培养下一代成长的积极性,致力于"互联网+"背景下的大学生心理健康教育。本节针对"互联网+"背景下的大学生群体提出了基于"互联网+"的大学生网络心理健康教育方法,分析了该心理健康教育方法的优势,希望对相关的心理健康教育提供一定的借鉴与帮助。

一、大学生网络心理健康教育的目的及意义

（一）完善心理健康课程教育体系

大学生心理健康教育课程已成为高校必修课。然而，高校的心理健康教育课课时普遍较少，这意味着仅通过课堂教学来实现心理教育的目的是不够的。

（二）创新心理预防机制方式

改变传统的人为记录方式，开发智能网络心理健康教育 APP，用 APP 观察学生的心理健康情况，实现心理危机"学院心理健康中心、系部、班级、宿舍"的四级和专业医院转介的"4+1"实时报送工作机制。

二、"互联网+"背景下大学生心理健康教育的新途径

网络在与心理健康教育结合的过程中，逐渐产生了时代性、便捷性等特点。在互联网技术的支持下，心理健康教育呈现出互动性、多元性、个体性以及自主性等特点。

（一）拓展心理健康教育的工作方式

互联网的一个重要特征是它超越了时间和空间的限制。信息和资源可以通过网络技术在世界各地传播。这个时代，大学生可以随时在互联网上自由获取资源和收集信息，他们的学习和生活也越来越依赖互联网。网络已成为大学生心理健康教育的必要条件。在此背景下，通过网络环境与大学生进行自由交流，可以帮助有心理健康问题的学生及时走出阴影，重新开始阳光的生活。同时，网络心理健康教育的形式和内容也在不断增加。大学生参与平台已逐步建立起来，这个平台被认为是一个可以畅所欲言的环境。毫无疑问，网络心理健康教

育比教师面对面教育更具隐私性。

（二）增强心理健康教育的干预效果

在目前传统的教育方式中，心理健康教育没有新的教学方式，并且因为现在更多的大学生不愿意与他人进行心理沟通，非常在意自己的隐私，许多大学生心理健康的发展就出现了一种状态，这种状态是负面的，将会有持续下去的趋势，这就进一步导致了很多健康咨询处变得毫无用处。往往在健康咨询处建立后，很长一段时间也仅仅只有几个学生来进行心理疏导。这种状态下，教师根本不能更加及时地掌握学生的心理状态，帮助他们解决心理困惑，最终会导致心理学教育者逐渐丧失耐心，难以积累实践经验，不能及时地实现知识的更新，更不能让心理健康咨询行业健康持续地发展下去。教师在教学中应用互联网技术，能够使大学生群体更加活跃，他们会用一些社交网络工具或网络平台来表达自己的真实想法。对于心理健康教育者来说，他们将会获取更多真实和丰富的实践数据，然后根据自己的专业知识采取有针对性的措施，帮助大学生解决心理问题。同时，还可以对网络上的大量实例进行相应的表述。对心理健康教育者来讲，这些实践经验以及病例状况都可以通过网络便利地进行查阅和参考。因此，如果有网络的辅助，这一行业也会更加健康地发展下去，这就是为什么心理健康教育需要新时代的网络技术来进行应用和发展。这对纠正和预防大学生的心理健康问题具有非常重要的意义。

三、"互联网+"背景下大学生网络心理健康教育存在的问题

（一）大学生成长与发展环境复杂化

当代大学生在学习、就业、人际关系以及经济等方面都面临着各种各样的

问题。大学生成长环境的复杂性，使校园环境不再是过去简单的模式。社会节奏的变化，促使校园环境也发生了变化。这些问题已经成为大学生成长和发展的阻碍。

（二）大学生主体的心理健康问题多样化

大学生成长与发展环境的复杂性引发了多种心理健康问题，主要表现为认知困惑、人格障碍、自律弱化、沟通障碍、情感疏离以及网络成瘾等。

（三）教育工作者认知能力模糊化

各种网络信息层出不穷，但也存在着太多的不确定性。有些事情是正确的，有些事情是错误的。教育工作者对正确或错误的问题可能存在模糊的理解，在进行价值判断时，会出现不确定的情况。在这个变幻莫测的时代，心理健康教育工作者必须要与时俱进，勤于观察，善于总结。当前的心理健康教育是用一些老方法来解决大学生的心理健康问题，缺乏学习意识，这是教育工作者需要解决的问题。

四、"互联网+"背景下大学生心理健康教育工作的创新方式

"互联网+"时代的到来，是社会发展的必然趋势。"互联网+"背景下，大学生的心理健康问题是很难避免的。寻求解决大学生心理健康问题的途径是全社会的责任。大学生的心理健康问题主要表现在理论和实践上，在寻求解决办法时应着重考虑这两个维度。在这个过程中，心理健康教育工作者的责任尤为艰巨。这里，主要从两个方面探讨网络时代大学生心理健康教育方式的创新。

（一）加大心理健康教育的理论研究

理论是实践的指导。预防和纠正大学生心理健康问题是一项实践性的工作。工作质量直接关系到心理健康教育工作者的工作。在互联网时代，理论是心理健康教育者引导大学生成长的基础，针对新的环境和形式，根据现实社会中经济、政治等因素的变化，结合大学生自身的成长特点，心理健康教育理论应进行改革，以便更好地服务于教师的工作，更好地满足大学生自我发展的需要。同时，加强网络时代心理健康教育的理论研究，也需要政府的支持。政府应在这一领域投入更多的资金，为科学研究提供财政支持和政策支持，建立相应的评价机制，促进心理健康教育理论研究的突破和发展。

（二）构建有效的微课学习平台

教育专家表明，在整个学习过程中，学生高效率学习的时间平均维持在10分钟左右，如果超过这个时间，学生就会逐渐丧失学习兴趣，降低学习意愿，将很难再次开展高效的学习。若互联网视频教育的时间多于5分钟，学生的学习兴趣也会逐渐降低，甚至出现排斥学习的状况。所以，在平时的学习过程中，教师要在课前制作课件时规划好适当的时间，合理地把控学生的学习兴趣，保证学生对知识的获取效率。教学科目更具有灵活性，课件与学习资源的搜索及使用也会更加全面和广泛，最终达到提升学生学习效率的目的。在新媒体环境下，视频的下载、浏览已经不再是单一的、置于小平台内进行的操作了，而是能够通过互联网，将视频通过网络进行传播浏览。

目前，进入新时代，网络心理健康教育的发展是社会发展的要求。互联网辅助教育已经逐步兴起，并且得到了良好的反响，取得了一定的成效，这也是在目前的教育环境中应该引起重视的要点。

第二节　互联网对当代大学生心理健康的

影响及教育对策

互联网在很大程度上帮助大学生开阔视野、搜集资源，为大学生的学习、生活都带来了极大的便利。然而，互联网给大学生带来的消极影响也逐渐凸显出来，给大学生的心理健康带来了巨大的影响。这样的状况就要求心理健康教育的工作者必须要全面分析，找出最有效的举措，对大学生进行科学合理的引导，让互联网发挥对大学生心理健康的积极影响，保证大学生能够健康地成长。

一、互联网对当代大学生心理健康的积极影响

首先，互联网可以连接全球，当大学生进入互联网的世界以后，他们能够开阔自己的眼界，丰富自己的课余生活，可以搜集学习资源、掌握新的技能、学习科学文化知识以及交流情感等。其次，互联网在很大程度上激发了大学生的求知欲，丰富了大学生掌握知识的渠道。通过互联网的帮助，大学生能够明确自己的发展方向，获得相应的学习资源和发展动力；通过互联网进行学习、研究和创新，大学生的思维模式可实现突破，使其潜能得到开发。最后，互联网为大学生创造了一个开放自我、彰显个性的世界。在互联网这样一个虚拟的世界中，大学生可以根据自己的喜好去扮演任何角色，彰显自己在现实生活中不敢显露的独特个性，还可以制作独属于自己的网站和他人进行沟通，在一定程度上提高了大学生的自信心和成就感。

二、互联网对当代大学生心理健康的消极影响

（一）沟通交流逐渐减少

从根本上讲，心理健康的一个重要标准便是人际关系。大学生如果想拥有良好的人际关系，就要投入现实生活中，与现实社会进行互动，并且与现实中的同学进行交流，这样大家才可以互相关心、互相爱护，产生一定的信任感，形成共同的价值观念，这不是说几句话、做几件事情就可以轻松完成的，而是需要从日常生活的点点滴滴做起。但是，对那些完全沉迷于互联网的学生来说，他们在互联网世界中进行交往的时间比较多，往往长时间与计算机进行接触，慢慢开始脱离现实社会，不愿意与现实生活中的群体接触，不愿意参加社团活动或集体活动，慢慢远离了学校的朋友和同学，会与现实当中的人产生很大的距离感。

在互联网的世界中，大学生根本不能知道对方的真实年龄、真实外貌和真实性别，在与互联网世界中的人进行交往的过程中，根本无法清晰地了解到对方的心理，在互联网世界中是对方的贴心朋友，但到了现实世界中却是"陌生人"。另外，长时间的互联网交往，很容易导致大学生的人际交往能力弱化，形成自我孤立的状态，个人也很容易形成焦虑、压抑的情绪，这些负面情绪和心理又在现实生活中无处释放，进而给大学生带来了严重的心理负担，导致大学生的心理慢慢封闭起来，严重影响了大学生正常的生活与学习。

（二）认知能力逐渐失衡

目前，大学生正处于思维发展的重要时期，与现实生活相比，互联网当中有着更加丰富的资源和多样化的表现形式。大学生通过互联网可以浏览并获取到各种各样的资源，而这部分资源并未经过处理和筛选，便留存在了大学生的大脑中。若大脑对这部分信息的储存超出正常范围，他们对以后再出现的信息就不会有敏锐的反应，就不会有选择地获取，也不会对互联网当中获取到的信

息进行归纳总结、筛选辨别。在这样的情况下，大学生的逻辑思维能力便会慢慢弱化，对事物的认知能力也会逐渐降低，只能够看到事物的表面，而无法深入事物发现内在，形成认知障碍。

（三）情感问题逐渐增多

在大学生的互联网交往中，最为主要的一个领域便是情感交往。现阶段，大学生处于情感体验的关键时期，他们往往希望与异性多多接触，这是十分正常的一个现象。然而，在现实生活中，大学生往往难以表达出自己的情感，害怕与他人进行过多的接触，因此，他们便在互联网世界中寻求这种情感的释放。在互联网中，大学生的情感诉求基本上包含两方面的内容：一是结交异性朋友或网恋；二是实现心理层面上的愉悦或情感方面的满足。

在互联网中，最受争议的话题就是网恋。在现实生活中，网恋成功的概率很低，而且很容易给大学生带来巨大的感情创伤或心理创伤，正因为存在这种顾虑，他们在网恋的时候更加缺少真诚，不会轻易付出真感情。同时，在现实生活当中存在一些固有的道德准则，但这些道德准则在互联网这个虚拟的世界中，是最容易被忽视的。

（四）容易形成对网络的依赖

首先，互联网中有着各式各样的新鲜事物，对大学生产生了巨大的吸引力，很多大学生因此痴迷于互联网世界；其次，在现实社会中，大学生进行情感交流会受到教师以及周围环境的引导或评价，而在互联网世界中却没有这样的限制。于是，情感诉求愈加强烈的大学生会更加沉迷于互联网世界，对互联网产生严重的依赖性。有的大学生甚至白天不去上课，不参加课余活动，对现实生活中的任何事情都没有兴趣。相关的统计资料表明，现阶段高等院校考试不合格的大学生中，有将近80%的人都患有"网络成瘾症"。

三、互联网环境下大学生的心理健康教育对策

现阶段，互联网给大学生心理健康所带来的消极影响十分明显，社会各界应给予广泛关注，还应当认真分析、全面研究，找到最合适的教育对策，引导大学生合理地使用互联网，为大学生创造一个健康的网络环境。

（一）强化心理健康教育功能

互联网在现实社会中占有重要地位，因此，高校必须要重视互联网的作用。第一，强化高校互联网信息资源的挖掘及开发，主动发挥互联网的作用，并且适当推动高校心理健康工作网络化的进度，充分利用互联网对大学生的行为活动、思想观念进行全面感知、引导和调节。第二，创建有关心理健康教育的官方网站，进行互联网心理咨询。这种咨询要利用互联网保密性高、传播范围广和方便快捷的优点，为大学生提供心理健康咨询的专业服务及合理指导。这项工作必须要紧紧抓住大学生的心理特点，在互联网中探讨人际交往的心理状况以及存在心理障碍的主要原因，有计划、有目的地进行心理辅导工作，及时控制心理健康问题的产生。

（二）提升大学生认知能力

大学生与互联网世界接触以后，会被其中五花八门的信息吸引，但他们无法正确筛选出有效、真实和健康的信息。对于心理健康教育工作者而言，要帮助大学生提高认知能力，让他们学会分辨信息的真假，一是要在日常教育工作中慢慢培养大学生形成自主搜集信息、获取信息和使用信息的综合能力，培养大学生独立思考的能力，教导他们学会筛选信息，从中找到自己所需要的正确信息；二是要帮助大学生树立正确的"三观"，强化大学生的责任观念，利用讲座、社会实践等活动，帮助大学生形成高尚的品德，使大学生可以自觉抵制不健康信息的影响。

（三）加强校园文化建设

高校利用多样化的校园文化活动，积极引导大学生参加到校园文化活动的建设中，举办科技竞赛大比拼、网络读物分享等活动，广泛吸引大学生的注意力，避免大学生对互联网产生严重的依赖性，同时增强大学生适应互联网的能力，在某些层面上还可以提升大学生的创业能力，增强其自主创新的能力。

（四）加大"网络成瘾症"的调节力度

现阶段，国内外的研究学者都开始重点针对"网络成瘾症"开展临床研究。通过研究进一步发现，网络成瘾症是一个十分广泛的概念，牵扯到很多方面的因素，不能够通过全面禁止网络的方式来缓解这种症状。所以，对患有"网络成瘾症"的大学生，应当采取合理的疏导措施，帮助他们形成科学的上网心理，慢慢摆脱"网络成瘾症"。

利用心理健康教育工作对大学生进行科学、合理的引导，帮助他们正确使用互联网，让大学生在多姿多彩的互联网世界中彰显个性、获取知识、开阔眼界，而不是迷失自己。拥有互联网知识的当代大学生，是我国发展的重要人力储备，心理健康教育应当对其进行科学合理的引导，让大学生在"互联网+"背景下可以获得健康的成长。

第三节 "互联网+"背景下的
体验式心理健康教育

"互联网+"背景下,将体验式教学应用到大学生心理健康教育课程中,能够拓展心理健康教育的深度和广度,有效提高大学生的心理素质。但是"互联网+"背景下的心理健康教学环境与传统的教学环境存在较大差异,在体验式教学应用到教学的过程中仍然存在部分问题,影响心理健康教学课程的开展。本节首先介绍了体验式教学应用在大学生心理健康教育课程中的作用,随后分析了实际应用过程中出现的问题,最后总结了运用体验式教学提升心理健康教育课程质量的策略,旨在创新大学生心理健康教育的课堂模式。

一、"互联网+"背景下的体验式教学应用在大学生心理健康教育课程中的作用

(一)调动学生的学习热情

创设真实的案例情境,引导学生互动交流,是新时代心理健康教育课程的教学理念。心理健康教育的教学目的是帮助大学生提升心理素质,让他们掌握自我调节的方法,其教学效果需要以学生个体的心理体验来展现。体验式教学打破了传统心理教育教学的讲授模式,采取互动式、体验式的教学方式,让学生在亲身体验过程中理解并运用心理健康知识。

"互联网+"背景下的体验式教学课堂中，教师可以结合具体的教学内容，通过运用各种互联网技术构建出仿真的案例情境，以此激发学生的学习兴趣，极大地调动了学生的学习热情，促使学生与学生之间、学生与教师之间的互相参与、互相启发，使学生在体验过程中获得感悟，引发深层次、多方位的思考。

（二）丰富心理健康教育的课堂形式

特定的情境会产生特定的体验。传统课堂中，当学生初步接触到教师创设的体验情境时，由于对体验事件的了解程度不深，他们可能会处于一种杂乱的体验状态中，导致体验的真实感较差。在"互联网+"背景下的体验式教学模式中，教师可以利用先进的教学技术和丰富的网络资源，丰富心理健康教育的课堂形式，以此增加心理健康教育的课堂体验，激发学生的学习兴趣。例如，构建"多媒体课堂－情境体验－互动分享"的课堂教学形式，让学生通过多种形式的教学模式进行心理健康知识的学习和互动，以此形成以教师为主导、学生为主体的体验式教学课堂，从而促进教学目标的实现。

二、"互联网+"背景下的体验式教学在心理健康教育课程运用过程中面临的问题

（一）师资力量薄弱

心理健康教育教师的专业水平和实践能力决定着教学质量，在实际教学过程中，如果心理课任课教师能够有效地运用体验式教学，可以促进大学生的身心发展，有利于大学生形成良好的心理素质。但是，目前高校内的任课教师主要由心理学专业和教育学专业的教师构成，大多没有接受过系统的、科学的体验式教学培训，专业任课教师较为缺乏。而且在具体的教学实践中，部分任课教师仍然采用传统的教学方法进行教学，过分注重教学任务的完成，忽略了学

生的心理体验，无法在实际的教学环节中有效地化解学生在体验过程中产生的心理矛盾。还有部分任课教师不能灵活地运用网络技术开展心理健康教育活动，也不能联系生活实际进行课堂教学，难以满足学生的心理需求。

（二）学生认识片面

心理健康教育课程是一门以提高学生心理素质为目标的教育课程，有效地运用体验式教学可以激发学生的学习兴趣，提高学生参与课堂教学的积极性，增强教学的实效性。但是，现阶段学生对体验式教学的认识还比较片面，具体表现在两个方面：一是对心理健康教育存在误解，片面地认为只有存在心理健康问题的学生，才有学习心理健康教育课程的必要，或者认为学生心理健康教育是"治疗心理疾病"的课程，导致学生上课的积极性不高；二是对体验式教学的目的不明确，大多数学校对体验式教学的课堂内容、场地等方面不够重视，直接导致学生的参与积极性不高。

（三）教学内容单一

体验式心理健康教育课程的开展能够帮助学生掌握心理健康知识，强化心理健康素质，获得不同的心理体验。体验式教学与传统的心理教学有着明显的区别，其教学内容应该具有一定的广度和深度，同时也应该注重每个学生的体验效果。现阶段，体验式教学虽然得到了广泛的应用，但是心理健康教育课程内容仍比较单一，素质训练活动仍较少。而体验式心理健康教育课程的重点是加强学生的心理素质，以此帮助他们成为全面发展的高素质人才。所以，在体验式教学过程中，教师应该不断丰富教学内容，根据学生不同的思维特点和现实需求设计不同的体验式教学内容，力求做到实用性、针对性和趣味性并存，帮助大学生获得心理成长。

三、"互联网+"背景下运用体验式教学提升大学生心理健康教育课程质量的策略

（一）创新体验式教学的教学方法

现代化教育不断发展，新时代下心理健康教育课程的教学方式也要与时俱进，不断创新以学生为主体的体验式教学方法，以此满足大学生的个性发展需求。一是，体验式教学应该让学生成为课堂的主人，使教学内容更加贴近现实生活，营造出参与度高、体验性强的体验氛围；二是，应该积极开展以提升大学生心理素质为主题的实践活动，如情境模仿活动、心理小游戏以及角色扮演等，同时在这些实践活动中灵活运用网络技术，充分发挥网络技术的教学优势。

（二）丰富体验式教学的实践活动

大学生心理健康教育运用体验式教学，一定要遵循以学生为主体的原则，打破过去以教师为主体的传统教学理念，把激发学生的学习主动性放在教学目标的首要位置。随着体验式教学在心理健康教育课程中的广泛应用，其所存在的问题日益凸显，其中最为明显的就是大学生对心理健康教育的认知程度低，他们虽然对心理健康知识充满好奇，但是缺乏正确的、系统的学习。为了从根本上提升学生学习的积极性，开展主题教育推广活动必不可少。一是，活动根据学生的心理需求和特点，传授心理健康教育的相关知识，使学生正确认识并积极参与到体验式教学活动中；二是，积极创新体验式教学活动，运用网络技术进行优化和改革，如建立心理咨询网站等。

（三）提升体验式教学的整体水平

从本质上看，心理健康教育课程适合应用体验式教学。体验可以触发感受，而感受可以形成反思，进而影响行为，以此体现出心理健康教育课程的实用性。

"互联网+"背景下的体验式教学核心是学生体验、反思和行为改变，其中的关键是学生体验。因此，大学生心理健康教育课程要不断提升体验式教学水平，增强体验效果，从而帮助学生正确认识自我、发展自我。一是，高校应该加强心理健康教育教师的专业培训，改进和创新体验式教学体系，以此不断提升专业化教育水平，推进心理健康教育课程改革；二是，心理健康教育教师要深刻理解体验式教学的含义，转变传统的教学观念，灵活运用各种网络技术创设新型课堂，以此提升体验式教学水平，拓展心理健康教育的深度和广度。

第四节 自媒体时代
大学生心理健康教育的创新研究

近年来，随着科技的发展，智能手机和平板电脑不断普及，大学生获取信息、知识的渠道有了很大的扩展。大学生获得资讯、与人交流等多种需求所借助的媒介逐渐被微博、QQ、微信及其他各种自媒体取代，可以说，在如今的大学生活中，无论是学习、工作还是生活都离不开自媒体，很大程度上，自媒体也带来了更为丰富的信息和更为便捷的生活。大学生的社交和娱乐也在很大程度上依赖自媒体。作为高校心理健康教育工作者，应该主动思考如何有效地利用自媒体开展大学生的心理健康教育工作，应对大学生日常生活、学习中遇到的各类问题，以便更好地提升大学生心理健康教育水平。因此，创新能力在很大程度上会影响大学生心理健康教育的深度、广度和效果。

本节以大学生心理健康教育为切入点，结合自媒体的特点，分析自媒体如何对大学生心理健康教育产生影响；在此基础上，探讨推进大学生心理健康教育工作的途径，思考在自媒体时代如何进行心理健康教育创新，拓宽大学生心理健康教育思路，构建更多的平台，更好地把大学生的心理健康教育落到实处。

一、自媒体时代的概念及特点

　　自媒体与传统媒体不同，主要传播者是个人，是个人利用网络或是其他媒介向特定或不特定的人群传播各种信息的一种新型媒体。通俗地说，自媒体就是个人通过网络途径，发表与自己相关或自己亲身所见的消息，通过这种方式来传播自己观点的一种媒体。自媒体的实质就是一个普通人依靠信息终端，如微博、微信、QQ等多种渠道，将自己的所见所得公之于众，实现其与外界相连接的工具。

　　在自媒体逐渐融入人们生活的同时，原本存在明显界限的"传播者"和"受众"也越来越融合，个体在信息传播的过程中也有了体验多重角色的可能，在日常生活中可以很轻易地成为主动的"传播者"。同时，也因为自媒体平台的发展，这一传播速度比传统媒体快很多、便捷很多，人们已经越来越习惯在自媒体平台上发布自己的所见所闻、所思所感，在发布的同时，也能给人们带来交流的可能性。

二、我国网民的自媒体使用现状

　　2022年8月31日，中国互联网络信息中心（CNNIC）在北京发布第50次《中国互联网络发展状况统计报告》（以下简称《报告》）。《报告》显示，截至2022年6月，我国网民规模为10.51亿，互联网普及率达74.4%。截至2022年6月，我国手机网民规模为10.47亿，较2021年12月新增手机网民1785万，网民中使用手机上网的比例为99.6%。

　　近几年，移动端的上网技术不断发展，智能手机和平板电脑等移动设备已经进入大多数人的生活圈，作为自媒体中使用频率较多的社交软件，微信和微博已成为人们日常生活中最不可缺少的交流工具。当代的大学生对新鲜事物充满好奇，具备自媒体使用的相关知识，自然而然地成为使用自媒体的主力军，自媒体也在大学生的日常学习工作和生活中起着越来越重要的作用。

三、自媒体时代对大学生心理健康的影响

在当前的大学校园生活中，微博、微信、贴吧、论坛以及 QQ 等即时通信平台，是自媒体传播的主要方式。自媒体给大学生的心理健康带来了积极的影响，也引发了相应的心理健康问题。

自媒体创设了大学生表达自我、拓宽人际交往的平台。大学生处于特殊的心理发展阶段，对表达自我的需求、社交的需求以及得到认可的需求等方面，都处于一个相对迫切的阶段。随着自我意识的不断发展，大学生个体产生了一定的社交需求，需要在大学阶段培养自身的社交能力。而在校园的日常生活中，可供大学生进行面对面交流的人群受到时间和空间的限制，存在一定的局限性。自媒体拓宽了人际交往的平台，大学生可以通过自媒体，将意愿公布在自媒体平台，通过自媒体活动表达感情，对大学生个体而言，是一个获得交流的机会。

自媒体给大学生提供了缓解压力的空间和寻找"心"能量的渠道。大学生在每个阶段面临不同的压力，大学阶段是个体身心发展的重要阶段，新生有适应期遇到的压力，有人际交往遇到的压力，有学业困难遇到的压力，也有实习就业期间遇到的压力。很多大学生会在大学阶段产生各种心理困惑，如果无法及时排解和宣泄不合理的情绪，很容易导致个体的焦虑和抑郁，对他们的心理会产生很大的影响。自媒体的发展速度很快，个人的移动多媒体终端也越来越普及，在日常的工作、学习生活中，大学生如果想要表达自己的观点，分享内心的想法，可以通过自媒体表达出来。除了这种方法，大学生还可以将关注点放到各种相对乐观、积极的以及专业的媒体上，利用这些媒体提供的心理咨询

或其他心理健康服务去补充个人心理健康的知识，合理调节自己的情绪，提高自己的心理健康意识，正确地去面对心理压力，从而用正确的方法去释放自身的压力。现在的网络传媒平台中，越来越多的自媒体涌现出来，既能满足大学生表达自我、寻求认同的需要，也可以让大学生较好地释放自身的压力、调节自己的情绪。

但是，自媒体容易导致大学生对手机产生依赖，进而带来睡眠障碍及其他心理健康问题。自媒体因其便捷的操作性、传播的时效性等特点得以飞速发展，但由于自媒体信息资源庞大、良莠不齐，各种 APP 的使用已经渗透到大学生学习和生活的方方面面，既方便了大学生的生活，也在很大程度上占用了大学生的时间，使得很多大学生在一定程度上出现手机依赖的现象。而手机依赖不仅严重影响学生的身体健康，而且容易导致睡眠障碍，引发其他心理健康问题。在以往的研究中发现，手机依赖是导致大学生睡眠状况差、心理出现问题的关键因素。大学生需要有明确的筛选标准，知道如何进行自我管理，才能降低自媒体带来的负面影响。

四、自媒体时代大学生心理健康教育创新的意义

在自媒体时代，高校需要调整工作的角度，拓宽自己的思路，从自媒体的角度重新看待大学生的心理健康教育，必须深刻地认识到自媒体对大学生心理健康教育的重要意义。

（一）搭建大学生心理健康教育工作的新平台

目前，高校已经在校园中设立了专门面向学生开展的心理普查、危机预防，以及学生心理咨询等服务。此外，还包括学生的各种心理健康工作、校园的心理健康活动等。而在自媒体不断进入学生日常生活的现在，高校学生工作也已经普遍进入自媒体时代，有越来越多的高校组织已经建立了自媒体平台。大学

生的心理健康教育工作也需要积极探索新的平台，要充分利用自媒体开放、便捷、互动良好等特点，突破原有高校心理健康教育形式较为单一、互动性不够好、与学生生活存在一定距离、内容理论性较强等局限，搭建以自媒体平台为依托的心理健康教育平台；将心理健康教育融入大学生的校园生活，做好心理健康知识的宣传普及，校园心理健康氛围的营造，将心理健康教育工作融入学生学习和生活的方方面面；拉近心理健康教育工作者与学生的距离，更好地形成大学生心理健康教育的工作体系，搭建大学生心理健康教育工作的新平台。

（二）探索大学生心理健康教育工作的新途径

目前，大学生中的多数人通过 QQ、微信、微博、论坛、贴吧等进行社交，在这些平台上，他们愿意自由地抒发情感、表达观点，也期望能够在这些平台上找到心理安慰。传统的高校心理健康辅导体系还不是很完善，教师的水平参差不齐，对心理健康教育工作的认识还存在很多不足，这样就使从事心理健康教育的工作者所了解的情况与学生的真实心理健康之间存在一定的差距，学生有时容易出现不愿意向教师寻求帮助的状况，特别是涉及隐私的问题。还有一些存在自卑心理的学生，甚至会在主观上回避问题，这都使教师不能及时掌握大学生的心理健康动态和特点，影响大学生心理健康教育工作的实施。而现在自媒体的有效应用，让从事心理健康教育的教师和高校辅导员等教育工作者，都可以根据自媒体平台上呈现的信息，及时了解学生的心理状况，掌握学生的心理健康动态；也能运用大数据的思维，搜集整理并总结规律，结合工作实际，归纳大学生心理健康状况的动态和特点，切实做好心理健康教育工作。

（三）提供大学生心理健康教育工作的新渠道

在传统的大学生心理健康服务体系中，专业的心理咨询师提供咨询的方式一般是面对面。然而，在心理咨询实践中，多数有意愿来进行心理咨询的学生会存在对隐私问题的顾虑等，最终选择放弃咨询。在咨询工作中也普遍存在较为被动等待学生来访的现象，或者是由辅导员劝导存在心理困惑的学生去进行心理咨询，这在一定程度上影响了大学生心理咨询的覆盖面和时效性。自媒体平台可以拓宽心理咨询的渠道，心理咨询师、朋辈心理辅导员等都可以参与其中。这样的办法既可以使心理健康的知识和技巧得到有效传播与应用，也可以让教师与学生进行广泛地交流，对解决学生们的心理健康问题有很大的帮助。教师还可以与学生开展线上交流，解除学生们心理上的困惑，帮助他们积极地面对学习与生活。通过自媒体解决问题，是用学生喜欢和习惯的方式拉近彼此的距离，及时预防学生心理健康问题的产生。

五、自媒体时代大学生心理健康教育创新的途径

（一）充分运用自媒体，营造心理健康教育氛围

教育工作者想落实大学生心理健康教育，可以充分发挥自媒体的优势，一方面，可以在自媒体平台上收集信息，充分利用大数据环境，对大学生使用自媒体的情况有所了解，并在此基础上进行一定的研究和探讨；另一方面，可以通过自媒体传播正能量，在实际工作中利用自媒体平台，积极宣传心理知识，引导大学生树立正确的社会价值观，倡导大学生关注自身的心理健康，培养大学生形成正确的价值理念，在日常的学习、工作和生活中营造良好的教育氛围，关注大学生心理健康。

（二）构建自媒体平台，拓宽心理健康教育渠道

与传统的大学生心理健康教育相比，运用自媒体平台开展心理健康教育具有独特的优越性。心理健康教育工作者要顺应自媒体时代的趋势，建立心理健康教育的微信公众号，在公众号的运营过程中，发挥学生队伍的创造力，强化各级心理辅导站的作用，调动班级心理委员、宿舍心理委员的积极性；在使用微信公众平台的基础上，发挥自媒体的灵活性，有意识地传播和普及心理健康知识，关注校园氛围的营造，多渠道发布心理健康活动信息；将心理健康教育

工作落实到每个学生，更及时、全面地了解大学生心理健康的具体情况，将心理健康教育工作落到实处。

（三）利用自媒体工具，建立心理健康教育体系

高校的院、系等组织应充分发挥自媒体的作用，建立切实有效的心理健康教育体系，可以利用高校中的心理健康辅导中心，开展包括心理健康教育、心理社团服务等活动；开设院级心理健康教育课程，督促专业骨干教师和志愿服务的学生创建属于自己的微信公众号，建立起心理健康教育的自媒体；利用创建的自媒体平台，进行教学内容整合，编辑学生们感兴趣的心理内容，并不定时地将其推送给学生。这样的方式不仅可以有效地宣传心理健康教育知识，也可以让大学生在不断的实践中进行自我反思，实现自我提升。

参 考 文 献

[1]石国兴.心理健康教育新论[M].石家庄:河北人民出版社,2012.

[2]杨鑫悦.网络时代高校心理健康教育的探索与实现[M].沈阳:辽宁大学出版社,2018.

[3]刘婧.网络环境下的大学生心理健康教育[M].长春:东北师范大学出版社,2017.

[4]郭小平.高职学生心理健康教育研究与评价[M].天津:天津科学技术出版社,2013.

[5]吕澜.大学心理健康教程[M].北京:中国社会科学出版社,2011.

[6]王荔雯.移动互联网时代高校教育管理模式改革与实践研究[M].北京:中国原子能出版社,2019.

[7]熊焰.基于网络环境的高校学生心理健康教育研究[M].北京:北京工业大学出版社,2018.

[8]吕斐宜.当今社会不同群体心理研究[M].武汉:湖北科学技术出版社,2013.

[9]王淮东.案例法介入青少年心理健康教育的思考[J].教学与管理,2015(15):116-118.

[10]张文旭.音乐教育对青少年心理健康的促进及教学方法的研究[J].黄冈职业技术学院学报,2019,21(04):65-67.

[11]马晓清.互联网时代大学生心理危机预防教育[J].教育观

察,2019,8(40):67-68.

[12]张淳.基于"互联网+"大学生网络心理健康教育探讨[J].创新创业理论研究与实践,2019,2(02):65-66.

[13]解倩,吴海银,王艳喜."互联网+"时代大学生心理健康教育课程体系构建[J].新闻研究导刊,2020,11(11):201-202.